Helen Keller:
Meine Welt

Nachwort von Werner Pieper
Aus dem Amerikanischen von
Heinrich Conrad

Deutscher
Taschenbuch
Verlag

dtv

Helen Kellers Honoraranteil wird, einer Bitte der Autorin von 1920 entsprechend, an Blindenhilfsorganisationen weitergegeben.

Über Helen Keller
ist im Deutschen Taschenbuch Verlag erschienen:
Helen E. Waite: Helen Keller, Anne Sullivan.
Öffne mir das Tor zur Welt! (70319)

Sammlung Luchterhand im dtv
Ungekürzte Ausgabe
Mai 1994
Deutscher Taschenbuch Verlag GmbH & Co. KG,
München

ISBN 3-925817-16-6
Umschlaggestaltung: Simone Fischer
unter Verwendung eines Fotos von Helen Keller
Gesamtherstellung: C. H. Beck'sche Buchdruckerei,
Nördlingen
Printed in Germany · ISBN 3-423-30087-6

Das Buch

»Im 19. Jahrhundert gab es nur zwei bemerkenswerte Charaktere: Napoleon und Helen Keller.« So urteilt Mark Twain über die 1880 geborene Amerikanerin, mit der er zum Ende seines Lebens eng befreundet war. Mit eineinhalb Jahren verlor Helen Keller ihr Hör- und Sehvermögen und lebte fortan in ewiger Stille und Dunkelheit. Doch dies war für sie nicht das Ende einer mit allen Sinnen erlebten Welt, sondern der Anfang eines intensiven Lebens und einer neu gewonnenen Genußfähigkeit. Am 3. März 1887 kommt die Lehrerin Anne Mansfield Sullivan, von Helen »Teacher« genannt, ins Haus der Kellers. Dieser Tag wird für Helen zum »Geburtstag ihrer Seele«. Unter der aufopferungsvollen Betreuung von Teacher erlernt sie zuerst das Fingeralphabet und später Lesen, Schreiben und Sprechen. Prägnant und mit wunderbarer Farbigkeit schildert Helen Keller ihr Erleben von Gerüchen, Schwingungen und Gefühlen, läßt sie den Leser teilhaben an ihrer überschäumenden Lebensfreude.

Die Autorin

Helen Keller, am 27. Juni 1880 in Tuscumbia, Alabama, geboren, wurde mit neunzehn Monaten taubblind. Sie besuchte die Schule für Taubstumme in New York und immatrikulierte sich 1900 an der Radcliff Universität. Später engagierte sie sich politisch und setzte sich stark für die Interessen der Blinden ein. Sie starb am 1. Juni 1968. Auf deutsch erschien ebenso: ›Geschichten meines Lebens‹ (1902).

Inhalt

Meine Welt

Vor einigen Monaten erschien in einer Zeitung, die die Veröffentlichung des »Matilda-Ziegler Magazine for the Blind« ankündigte, folgende Bemerkung: »Manche Gedichte und Geschichten müssen ausgelassen werden, weil sie von Sehen handeln. Anspielungen auf Mondstrahlen, Regenbogen, Sternenlicht, Wolken und schöne Landschaften dürfen nicht gedruckt werden, weil sie dem Blinden sein trauriges Schicksal besonders bitter zum Bewußtsein bringen würden.«

Das heißt also: Ich darf nicht von schönen Häusern und Gärten sprechen, weil ich arm bin. Ich darf nicht von Paris und Westindien lesen, weil ich diese Gegenden nicht in ihrer Wirklichkeit aufsuchen kann. Ich darf nicht vom Himmel träumen, weil ich vielleicht niemals hineinkommen werde. Und doch treibt mich ein waghalsiger Geist, Worte von Gesicht und Klang zu gebrauchen, deren Bedeutung ich nur durch Analogie und Phantasie erraten kann. Dieses gewagte Spiel ist nun aber gerade das halbe Entzücken, die eigentliche Lustigkeit des Alltagslebens. Ich erglühe, indem ich von glänzenden Erscheinungen lese, die nur das Auge wahrnehmen kann. Anspielungen auf Mondschein und Wolken verschärfen nicht die Empfindung meines Unglücks, sondern sie tragen meine Seele über die enge Wirklichkeit meines traurigen Geschickes hinaus.

Die Kritiker haben ihr Vergnügen daran, uns zu sagen, was wir nicht können. Sie nehmen an, daß Blindheit und Taubheit uns vollständig von jenen Dingen absondern, die der Sehende und der Hörende genieße, und folgern nun daraus, wir haben kein moralisches

Recht, von Schönheit, Himmelserscheinungen, Bergen, Vogelgesang und Farben zu reden. Sie erklären, sogar die Empfindungen, die wir durch den Tastsinn wirklich haben, seien nur »stellvertretende« — wie wenn unsere Freunde die Sonne für uns fühlten! Sie leugnen a priori, was sie nicht gesehen haben und was ich doch gefühlt habe. Einige wackere Zweifler gehen sogar so weit, meine Existenz zu leugnen. Um nun wenigstens selber zu wissen, daß ich existiere, nehme ich meine Zuflucht zu Descartes' Methode: Ich denke, also bin ich. So steht denn metaphysisch meine Existenz fest, und ich schiebe den Zweiflern die Mühe zu, meine Nichtexistenz zu beweisen. Wenn wir bedenken, wie wenig vom Wesen des Geistes ergründet ist, ist es dann nicht erstaunlich, daß ein Mensch sich herausnimmt festzustellen, was einer wissen kann oder nicht wissen kann? Ich gebe zu, es sind in einer sichtbaren Welt unzählige Wunder, von denen ich keine Ahnung habe. Desgleichen aber, mein selbstbewußter Kritikus, gibt es Myriaden von Empfindungen, die ich wahrnehme und von denen du dir nicht träumen lässest.

Notwendigkeit verleiht dem Auge eine kostbare Sehkraft, und ebenso gibt sie dem ganzen Körper eine kostbare Fühlkraft. Zuweilen ist es mir, als bestände mein ganzes leibliches Fleisch aus lauter Augen, welche nach ihrem Belieben in eine Welt hinausschauen, die täglich neu geschaffen wird. Das Schweigen und die Dunkelheit, die mich angeblich einschließen, öffnen sehr gastlich meine Tür unzähligen Empfindungen, die mich zerstreuen, belehren, ermahnen und erheitern. Mit meinen drei zuverlässigen Führern: Gefühl, Geruch und Geschmack, mache ich manchen Streifzug in das Grenzland der Erfahrung, das in Sicht der Stadt des Lichtes gelegen ist. Die Natur paßt sich dem Bedürfnis eines jeden an. Ist das Auge zerstört, so daß es das schöne Anlitz des Tages nicht sieht, so wird der Tastsinn schärfer und unterscheidet deutlicher. Die Natur unternimmt es, durch Übung die verbleibenden Sinne zu stärken und zu vermehren. Darum hören Blinde oft leichter und deutlicher als andere Leute. Der Geruchsinn wird beinahe eine neue Fähigkeit, um verworrene und unbestimmte Erscheinungen zu erkennen. So helfen und unterstützen nach einem unwandelbaren Gesetz die Sinne einander.

Es kommt mir nicht zu zu sagen, ob wir besser mit der Hand oder mit dem Auge sehen. Ich weiß nur, daß die Welt, die ich mit meinen Fingern sehe, lebendig, farbenfroh und befriedigend ist. Der Tastsinn bringt dem Blinden manche süße Gewißheiten, deren unsere glücklicheren Mitmenschen entbehren müssen, weil ihr Gefühl nicht ausgebildet ist. Wenn sie sich etwas ansehen, stecken sie ihre Hände in die Taschen. Dies ist ohne Zweifel ein Grund, warum ihr Wissen oft so unbestimmt, ungenau und zwecklos ist. Freilich ist wahrscheinlich unsere Kenntnis von Erscheinungen, die außerhalb des Bereiches unserer Hand liegen, ebenso unvollkommen. Aber wir sehen sie doch auf alle Fälle durch einen goldenen Nebel der Phantasie.

Doch an dem, was wir berühren können, ist nichts Nebelhaftes oder Ungewisses. Durch den Tastsinn kenne ich die Gesichter von Freunden, die unbeschränkte Mannigfaltigkeit gerader und krummer Linien, alle

Oberflächen, die üppige Fülle des Bodens, die zarten Gestalten der Blumen, die edlen Formen der Bäume und die Wucht gewaltiger Winde. Außer Gegenständen, Oberflächen und atmosphärischen Veränderungen nehme ich noch zahllose Schwingungen wahr. Die Erschütterungen und Stöße, die überall im Haus zu verspüren sind, teilen mir viele Kenntnisse von alltäglichen Vorgängen mit.

Schritte und Erschütterungen

Schritte, habe ich entdeckt, unterscheiden sich taktmäßig je nach dem Alter, dem Geschlecht und dem Charakter der Gehenden. Es ist unmöglich, das Getrappel eines Kindes mit dem Tritt einer erwachsenen Person zu verwechseln. Der Schritt des jungen Mannes, stark und frei, unterscheidet sich von dem schweren, bedächtigen Tritt eines Mannes in mittleren Jahren und von dem Gang eines alten Mannes, dessen Füße den Boden entlang schlurfen oder langsam und strauchelnd ihn berühren. Über einen bloßen Fußboden schreitet ein Mädchen mit einem schnellen, elastischen Rhythmus, der von dem schweren Schritt einer älteren Frau ganz verschieden ist. Ich habe gelacht über das Knarren neuer Schuhe und das Getrampel einer dicken Köchin, die in der Küche einen Hopser tanzte. Eines Tages erregte im Speisesaal eines Hotels eine Dissonanz meine Aufmerksamkeit. Ich saß still und horchte mit meinen Füßen. Da fand ich, daß zwei Kellner hin und her gingen, aber nicht im gleichen Schritt. Ein Orchester spielte, und ich konnte die musikalischen Wellen fühlen, wie sie über den Fußboden flossen. Der eine von den Kellnern ging nach dem Takt der Musik, anmutig und leicht, während der andere auf die Musik nicht achtete und nach dem falschen Rhythmus eines Mißklanges in seinem Innern von Tisch zu Tisch eilte. Ihre Schritte erinnerten mich an das mutige Schlachtroß, das mit einem Karrengaul zusammengespannt war.

Oftmals verraten Schritte bis zu einem gewissen Grade Charakter und Stimmung des Gehenden. Ich fühle in ihnen Festigkeit und Unentschlossenheit, Übereilung und Bedachtsamkeit, Tätigkeit und Faulheit, Ermüdung, Sorglosigkeit, Furchtsamkeit, Ärger und Kummer. Besonders an Personen, mit denen ich vertraut bin, bemerke ich diese Stimmungen und Charakterzüge.

Schritte werden oft von einem Stoß oder Ruck unterbrochen. Daran merke ich, wenn einer hinkniet oder mit dem Fuß stößt oder etwas schüttelt oder sich niedersetzt oder aufsteht. So folge ich bis zu einem gewissen Grade den Handlungen von Leuten, die um mich herum sind, und den Veränderungen ihrer Stellungen. Gerade in diesem Augenblick sagten mir ein dumpfes, weiches Getrappel von nackten, bepolsterten Füßen und ein leichter Ruck, daß mein Hund auf den Stuhl gesprungen war, um aus dem Fenster zu sehen. Ich lasse ihn übrigens nicht unkontrolliert herumlaufen. Denn gelegentlich fühle ich dieselbe Bewegung und finde ihn nicht auf dem Stuhl, sondern auf dem verbotenen Sofa.

Wenn ein Zimmermann im Hause oder in der Scheune nebenan arbeitet, erkenne ich an den schrägen auf und ab gehenden stuckernden Schwingungen, daß er sägt, und an der schallenden Aufeinanderfolge von Schlag auf Schlag, daß er hämmert. Wenn ich nahe genug bin, bringt mir eine gewisse Schwingung, die über eine hölzerne Oberfläche hin und her läuft, die Kunde, daß er einen Hobel benutzt.

Ein leises Flattern auf dem Teppich sagt mir, daß ein Windstoß meine Papiere vom Tisch heruntergeweht hat. Ein »Klack« ist ein Signal, daß ein Bleistift auf den Boden gerollt ist. Wenn ein Buch fällt, gibt es einen flachen Klaps. Ein hölzernes Klopfen am Geländer sagt mir an, daß das Essen fertig ist. Viele von diesen Schwingungen verwischen sich im Freien. Auf einem Rasen oder auf der Straße kann ich nur Laufen, Trampeln und das Rollen von Rädern fühlen.

Indem ich meine Hand an Lippen und Kehle eines Menschen lege, bemerke ich manche ganz besonderen Schwingungen, die ich mir auslege: das Kichern eines Knaben, das überraschte »Oh« eines Mannes, das »Hem« des Ärgers oder der Ratlosigkeit, das Stöhnen des Schmerzes, ein Kreischen, ein Flüstern, ein Räuspern, ein Seufzen, ein Würgen, ein schweres Atmen. Die Äußerungen der Tiere, wenngleich wortlos, sind beredt für mich: das Spinnen der Katze, ihr Miauen, ihr ärgerliches, böses, stoßweises Fauchen; das warnende oder fröhlich begrüßende Wauwau des Hundes, sein verzweifeltes Jaulen oder sein zufriedenes Schnurren; das Muhen der Kuh; das Schnattern eines Affen; das Prusten eines Pferdes; das Gebrüll eines Löwen und das schreckliche Knurren eines Tigers. Vielleicht sollte ich für Kritiker und Zweifler, die diesen Aufsatz lesen, hinzufügen, daß ich mit eigener Hand alle diese Töne gefühlt habe. Von meiner Kindheit bis zum heutigen Tage habe ich jede Gelegenheit genutzt, zoologische Gärten, Menagerien und den Circus zu besuchen, und alle diese Tiere mit Ausnahme des Tigers haben in meine Hand gesprochen. Den Tiger habe ich nur in einem Museum angerührt, wo er so harmlos ist wie ein Lamm. Indessen habe ich ihn sprechen hören, indem ich meine

Hand an die Stäbe seines Käfiggitters legte. Ich habe mehrere Löwen von Fleisch und Blut angefaßt und fühlte sie königlich brüllen wie einen Wasserfall, der über Felsen stürzt.

Doch weiter: ich kenne das Gluckern von Flüssigkeit in einem Kruge. Wenn ich also meine Milch verschüttet habe, so kann ich mich nicht mit Unwissenheit entschuldigen. Bekannt sind mir auch: das Knallen eines Pfropfens, das Prasseln einer Flamme, das Tick-Tack der Uhr, der metallische Schwung der Windmühle, das mühsame Spritzen und Senken der Pumpe, das Spritzen des vollen Wasserstrahles aus dem Schlauch, das neckische Rütteln des Windes an Tür und Fenstern, das Krachen des Donners und viele andere Schwingungen, die sich nicht berechnen lassen.

Es gibt fühlbare Schwingungen, die nicht zum Tastbereich der Haut gehören. Sie durchdringen Haut, Nerven, Knochen wie Schmerz, Wärme und Kälte. Trommelschlag durchdringt mich von der Brust bis zu den Schulterblättern. Das Klirren des Eisenbahnzuges, das Knirschen der Maschine packen mich an, und ich fühle es wie den Handschlag eines alten Seebären noch lange nachher. Wenn Schwingungen und Bewegungen eine gewisse Zeit lang zusammen auf mich wirken, ist es mir, wie wenn die Erde fortläuft, während ich stillstehe. Wenn ich aus dem Zuge steige, dreht sich der Bahnsteig um mich herum, und ich finde es schwierig, mit festen Schritten zu gehen.

Jedes Atom meines Körpers ist ein Vibroskop. Aber meine Wahrnehmungen sind nicht unfehlbar. Ich strecke die Hand aus, und meine Finger treffen auf etwas Haariges, das hin und her hüpft, sich zusammenkauert, wie wenn es springen wollte, und sich wie ein Tier benimmt. Aus Vorsicht warte ich einen Augenblick. Dann berühre ich es fester und finde, daß es ein Pelzrock ist, der im Winde flattert und hin und her schlägt. Mir scheint, gerade wie euch, die Erde unbeweglich zu sein, und die Sonne scheint sich zu bewegen; denn die Strahlen der Abendsonne entfernen sich mehr und mehr, indem sie mein Gesicht berühren, bis die Luft kühl wird. Dies macht mir begreiflich, daß die Küste vor euch zurückzuweichen scheint, indem ihr von ihr hinwegfahrt. Darum finde ich es auch nicht unglaublich, wenn ihr sagt, daß parallele Linien sich zu treffen und Himmel und Erde sich zu berühren scheinen. Meine wenigen Sinne enthüllten mir schon vor längerer Zeit ihre Unvollkommenheit und Unzuverlässigkeit.

Die Sinne sind nicht nur unzuverlässig, sondern so mancher Sprachgebrauch zeigt uns an, daß es Leuten mit fünf Sinnen schwer wird, deren Verrichtungen auseinanderzuhalten. Ich vernehme, daß wir Ansichten hören, Töne sehen, Musik empfinden. Man sagt mir, Töne haben Farben. Ich hatte angenommen, Takt beruhe auf feiner Wahrnehmung; es stellt sich heraus, daß er eine Sache des Geschmacks ist. Nach der reichlichen Anwendung des Wortes zu urteilen, scheint Geschmack der wichtigste von allen Sinnen zu sein. Geschmack herrscht über die großen und kleinen Herkömmlichkeiten des Lebens. Sicherlich ist die Sprache der Sinne voll von Widersprüchen, und meine Mitmenschen, die fünf Türen in ihrem Hause haben, fühlen sich darin nicht sicherer heimisch, als ich mich in dem meinigen fühle. Darf ich also nicht auch auf Entschuldigung rechnen, wenn es diesem Bericht über meine Empfindungen etwas an Bestimmtheit fehlt?

Freude an Musik

Ich sprach von den zahlreichen Stößen und Erderschütterungen, die sich täglich in den Dienst meiner Wahrnehmungsfähigkeiten stellen. Die erhabeneren und größeren Schwingungen, die in mir Erregungen hervorrufen, sind mannigfaltig an Art und reichlich an Zahl. Ich lausche mit Ehrfurcht dem Rollen des Donners und der gedämpften Lawine von Tönen, wenn das Meer sich auf den Strand stürzt. Und ich liebe das Instrument, das alle Melodien des Ozeans zu schwellenden Fluten zusammenfaßt und ausströmen läßt: die vielstimmige Orgel. Könnte Musik gesehen werden, so könnte ich anzeigen, wohin die Orgelklänge gehen, wie sie steigen und fallen, wie sie höher klimmen, wanken und schwanken, jetzt laut und tief, jetzt hoch und stürmisch, dann wieder sanft und feierlich, mit eingestreuten und dazwischen laufenden leichteren Schwingungen. Ich möchte sagen: Orgelmusik füllt den Vorgang des Fühlens mit ekstatischer Wonne.

Auch in anderen Instrumenten wohnt greifbares Entzücken. Die Geige erscheint von schönem Leben beseelt, wie sie dem Meister antwortet. Die Unterschiede zwischen ihren einzelnen Noten sind zarter als beim Piano. Die Musik des Pianos genieße ich am meisten, wenn ich das Instrument berühre. Wenn ich meine Hand auf dem Gehäuse liegen lasse, entdecke ich ein zartes Erdbeben, ich fühle melodische Widerklänge und die Stille, die darauf folgt. Dies erklärt mir, wie Klänge dem lauschenden Ohr ersterben können:

… Wie dünn und klar
Und dünner, klarer, immer ferner!
So süß, so fern, von Kliff und Kluft
Der Klang der Zauberelfenhörner!

Ich bin imstande, dem herrschenden Geist und Sinn der Musik zu folgen. Ich unterscheide den fröhlichen Tanz, wie er über die Tasten hüpft, das langsame Klagelied, die Träumerei. Ich erschauere bei der feurigen Windsbraut von Tönen, die von Donnerklängen durchzuckt werden, wenn in der Walküre Wotan die heiligen Flammen schürt, die die schlafende Brunhild bewachen! Wie wundervoll ist das Instrument, worauf ein großer Musiker mit seinen Händen singen kann! Niemals ist es mir gelungen, eine Komposition von der anderen zu unterscheiden. Ich denke, dies wäre möglich, aber die Konzentration und Anpassung meiner Aufmerksamkeit würde so groß sein, daß ich bezweifle, ob der Genuß der Anstrengung entsprechen würde.

Auch eine gesungene Melodie kann ich nicht leicht unterscheiden. Aber indem ich meine Hand an jemandes Kehle und Wange halte, erfreue ich mich an den Veränderungen der Stimme. Ich erkenne, ob sie tief oder hoch, hell oder gedämpft, traurig oder lustig ist. Die dünne Stimme eines alten Menschen fühlt sich für mich ganz anders an als eine junge Stimme. Die langgezogene Sprechweise eines Südstaatlers hat gar keine Ähnlichkeit mit den nasalen Tönen des Yankees. Das Fluten und Ebben einer Stimme ist zuweilen so bezaubernd, daß meine Finger in Entzücken erbeben, selbst wenn ich von dem, was sie spricht, kein Wort verstehe.

Andererseits bin ich außerordentlich empfindlich gegen harte Geräusche wie Schleifen, Kratzen und das heisere Kreischen verrosteter Schlösser. Nebelpfeifen quälen mich mit ihren Schwingungen wie Nachtmahre. Ich stand in der Nähe einer Brücke, die im Bau begriffen war, und fühlte das taktmäßige Klirren, das Poltern schwerer Steinmassen, das Rollen ausgehobener Erde, das Dröhnen von Maschinen, das Rumpeln von Erdkarren, die dreifachen Schläge vulkanischer Hämmer. Dazu kann ich die Feuerbecken, den Teer und Zement riechen. So habe ich eine lebhafte Vorstellung von mächtigen Arbeiten in Stahl und Stein, und ich glaube, ich bin mit allen den teuflischen Geräuschen bekannt, die von Menschen oder Maschinen gemacht werden können. Das schwere Aufschlagen fallender Körper, das plötzliche zitternde Zersplittern gespaltenen Holzes, das kristallene Zerschmettern zerstoßenen Eises, das Krachen eines Baumes, der von einem Wirbelwind zu Boden geschmettert wird, das unablässige, unvernünftige Chaos von Geräuschen rangierender Güterzüge, Gasexplosionen, Felsensprengungen und die schreckliche Reibung von Felsen auf Felsen unmittelbar vor dem Zusammensturz – alle diese Ereignisse habe ich dank meinem Gefühlsinn erlebt, und sie haben zu den Vorstellungen beigetragen, die ich mir von einem Tollhaus, von einer Schlacht, einer Wasserhose, einem Erdbeben und anderen ungeheuren Anhäufungen von Geräuschen mache.

Stadt und Land

Mein Tastsinn bringt mich in Verbindung mit dem Getriebe und der mannigfaltigen Tätigkeit der Stadt. Außer dem Hasten und Drängen der Leute und dem unbestimmbaren Quietschen und elektrischen Heulen der Straßenbahnwagen empfindet meine Nase die Ausdünstungen von Läden gar verschiedener Art, von Automobilen, Karren, Pferden, Obstverkaufsständen und von Rauch aller möglichen Arten.

Odors strange and musty,
The air sharp and dusty
With lime and with sand,
That no one can stand,
Make the street impassable,
The people irascible,
Until every one cries,
As he trembling goes
With the sight of his eyes
And the scent of his nose
Quite stopped — or at least much diminished:
»Gracious! when will this city be finished?«
(George Arnold)

(Sonderbare muffige Gerüche, die Luft scharf und staubig von Kalk und Sand, daß kein Mensch es aushalten kann, machen die Straße unwegsam, die Leute ärgerlich. Da geht man nun zitternd, kann nichts sehen, nichts riechen — oder jedenfalls nur noch sehr wenig — bis ein jeder ruft: Herrgott, wann wird die Stadt mal fertig sein!)

Die Stadt ist interessant; aber das fühlbare Schweigen des Landes ist stets sehr willkommen nach dem Getöse der Stadt und nach den nervenerregenden Stößen der Eisenbahn. Wie verfährt doch die Natur ohne Geräusch und Störung beim Niederreißen, beim Wiederaufbauen und Umbauen! Da hören wir keinen Hammerschlag, keine Säge trennt kreischend Stein von Stein — mit einem jeden melodischen Rascheln streift der Wind jeden Tag von den Zweigen die flatternden Blätter, die reife Frucht, die dumpf auf den Rasen aufschlägt.

Schweigend fällt alles zur Erde, verwittert, kehrt in die Erde zurück, um von neuem zu erstehen; alles schläft, während die emsigen Baumeister der Tage und Nächte anderswo ihre stille Arbeit verrichten. Dieselbe heitere Ruhe herrscht, wenn plötzlich der Boden eine neue Schöpfung emporsprießen läßt. Leise rollt der Ozean von Gras, Moos, Blumen Woge auf Woge über die Erde. In Laubgewinde hüllen sich die nackten Äste. Große Bäume bereiten sich, in ihren starken Herzen die Vögel wieder aufzunehmen, die ihre geräumigen Wohnungen nach Süden und Westen beziehen. Ja, kein Plätzchen ist so gering, daß nicht irgendein glückliches Geschöpf es zur Wohnung ersähe. Der Wiesenbach sprengt seine eisigen Bande und fließt murmelnd dahin. Und dies alles wird in weniger als zwei Monaten vollbracht zu den Klängen des Naturorchesters, das mit seinen Melodien die balsamische Luft erfüllt.

Die tausend sanften Stimmen der Erde, wahrlich, sie haben ihren Weg zu mir gefunden — das leise Rascheln in Grasbüscheln, das seidenweiche Rauschen des Laubes, der schwirrende Flügelschlag der Insekten, das Summen von Bienen in Blumen, die ich pflücke, das Flügelschlagen eines Vogels nach seinem Bade, die zarten plätschernden Schwingungen von Wasser, das über Kiesel rinnt. Einmal gefühlt rascheln, schwirren, summen, flattern, plätschern diese geliebten Stimmen für ewig in meinen Gedanken, ein unsterblicher Teil glücklicher Erinnerungen.

Zwischen meinen Erlebnissen und denen anderer Menschen klafft keine Kluft lautlosen Raumes, die ich nicht überbrücken könnte, denn ich habe unendlich mannigfaltige, belehrende Berührungen mit der ganzen Welt, mit dem Leben, mit der Luft, deren ausstrahlende Tätigkeit uns alle einhüllt. Die anspornende Kraft der alles umgebenden Luft ist warm, reißt mich mit sich fort. Wärmewellen und Tonwellen umspielen mein Antlitz in unendlicher Abwechslung und Verbindung, bis ich imstande bin, mir eine Vorstellung von den Myriaden von Klängen zu machen, die meine gefühllosen Ohren niemals gehört haben.

Wind und Regen

Die Lust ist verschieden in verschiedenen Gegenden, zu verschiedenen Jahreszeiten, ja sogar zu verschiedenen Tagesstunden. Die würzige frische Meeresbrise ist verschieden von der stoßweise wehenden Brise von Flußufern, die feucht und mit Binnenlandgerüchen geschwängert ist. Die stärkende, leichte, trockene Luft der Berge kann niemals mit der scharfen, salzigen Luft des Ozeans verwechselt werden. Der Winterregen ist dick, hart, dicht. Im Frühling hat der Regen neue Lebenskraft. Er ist leicht, beweglich und mit tausend herzerfrischenden Düften von Erde, Gras und sprossenden Blättern beladen. Hochsommerluft ist dicht, von Düften gesättigt, oder trocken und brennend, wie wenn sie aus einem Hochofen käme. Wenn dann eine kühle Brise über die schwüle Stille hinfährt, bringt sie weniger Düfte als im Mai, oft aber kündigt ihr Geruch einen nahenden Sturm an. Die Lawine von Kühle, die sich durch die dicke Luft eines schwülen Sommertages wälzt, hat geringe Ähnlichkeit mit der stechenden Kälte des Winters.

Winterregen ist rauh, duftlos, trübe. Frühlingsregen ist frisch, duftig, voll von belebender Wärme. Ich heiße ihn mit Entzücken willkommen, wenn er die Erde besucht, den Strömen reiche Flut zuträgt, die Hügel verschwenderisch bewässert, mit seinen Schauern die Ackerfurchen weich macht für die Saat und einen Duft aus ihnen ausströmen läßt, den meine Brust nicht tief genug einatmen kann. Frühlingsregen ist schön, unparteiisch, liebenswert. Mit perlenden Tropfen wäscht er jedes Blatt an Baum und Busch, bedient heilkräftige Kräuter wie schädliches Unkraut und weiß alles Lebende zu finden, das seiner Wohltat bedürftig ist.

Die Sinne unterstützen und stärken sich gegenseitig in solchem Maße, daß ich nicht sicher bin, ob Gefühl oder Geruch mir mehr von der Welt erzählt. Überall strömen dem Fluß des Gefühlssinnes die Bäche der Geruchswahrnehmung zu. Jede Jahreszeit hat ihre kennzeichnenden Gerüche. Der Frühling ist erdig und voll von Saft. Juli ist schwer von dem Duft von Heu und reifendem Korn. Je weiter die Jahreszeit vorschreitet, desto mehr tritt ein strenger, trockener, reifer Duft hervor, und Goldrute, Rainfarn und Immergrün bezeichnen das Vorrücken des Jahres. Im Herbst füllen weiche, lockende Düfte die Luft; sie fluten von Busch, Gras, Blume und Baum und erzählen mir von Zeit und Wechsel, von Tod und neuem Leben, von Hoffnung und Erfüllung.

Geruch ist ein gefallener Engel

Aus irgendeinem unerklärlichen Grunde nimmt der Geruchsinn unter seinen Brüdern nicht den hohen Rang ein, den er verdient. Er hat etwas von einem gefallenen Engel an sich. Wenn er uns mit Waldgeruch erquickt, uns mit den Düften lieblicher Gärten umschmeichelt, dann sprechen wir gerne von ihm. Aber wenn er uns vor Schädlichem in unserer Nachbarschaft warnt, dann wird er behandelt, wie wenn der Teufel die Oberhand über den Engel gewonnen hätte: er wird in die tiefste Finsternis hinabgestoßen, für seinen treuen Dienst bestraft. Es ist sehr schwierig, Wörter in ihrer wahren Bedeutung anzuwenden, wenn man die Vorurteile der Menschheit zur Sprache bringt, und ich finde es fast unmöglich, über Geruchswahrnehmungen etwas zu sagen, was zugleich wundervoll und wahrhaftg wäre.

Nach meiner Erfahrung ist der Geruch von der höchsten Bedeutung; auch finde ich ein hohes Zeugnis für den Adel des Sinnes, den wir vernachlässigt und entwürdigt haben. Denn bekanntlich gebot der Herr, es solle beständig Weihrauch mit einer süßen Würze vor ihm verbrannt werden. Ich bezweifle, daß das Gesicht eine köstlichere Empfindung gewähren kann als der Geruchsinn durch die Düfte, die aus sonndurchwärmten, windbewegten Zweigen strömen, oder durch die Flut von Wohlgerüchen, welche Woge auf Woge anschwillt, zusammensinkt, sich wiederholt und die weite Welt mit unsichtbarer Süße erfüllt. Ein Hauch aus dem Weltall läßt uns Welten träumen, die wir nie gesehen haben, ruft uns in einem Nu ganze Zeiträume teuerster Erinnerungen zurück. Niemals rieche ich Maßliebchen, ohne wieder jene Morgenstunden voll Begeisterung zu durchleben, in denen meine Lehrerin und ich über die Felder wanderten, während ich neue Wörter und die Namen von Dingen lernte. Der Geruch ist ein mächtiger Hexenmeister, der uns über Tausende von Meilen und über alle die Jahre fortträgt, die wir schon durchlebt haben. Der Duft von Früchten läßt mich zu meinem Heim im Süden entschweben, zu meiner kindlichen Ausgelassenheit unter den Pfirsichbäumen. Andere Düfte, die im Augenblick vorbeifluten, ergreifen mein Herz, daß es sich fröhlich weitet oder in kummervoller Erinnerung sich zusammenzieht. Selbst wenn ich nur an Gerüche denke, ist meine Nase voll von Düften, die in mir süße Erinnerungen an vergangene Sommer und an ferne reifende Kornfelder wachrufen.

Der schwächste Dufthauch von einer Wiese, worauf das frische Heu in der heißen Sonne liegt, verrückt mir das Hier und das Jetzt. Ich bin wieder in der alten roten Scheune. Meine kleinen Freunde und ich spielen im Heuhaufen. Ein riesiger Haufen ist es von knusprigem, süßem Heu, und von seiner Höhe kann das kleinste Kind die Dachsparren erreichen, die sich über uns spannen. In ihren Ställen unten stehen die Tiere des Gehöftes. Da ist Jerry, das schönheitslose Pferd, das gegen Freundlichkeiten so kalt ist; wie ein richtiger Pessimist kaut es an seinem Hafer, fest entschlossen, diesen nicht gut zu finden — oder wenigstens nicht so gut, wie er eigentlich sein sollte. Dann wieder streichle ich Brownie, die muntere, anmutige, kleine Brownie, die stets bereit ist, das saftigste Futter zu verlassen, um sich tätscheln zu lassen, und die ihren schönen, schlanken Hals herüberstreckt, um eine Liebkosung zu empfangen. Dicht daneben steht dann Lady Belle, mit süßem, feuchtem Maul, gemächlich den herzstärkenden Saft aus Thymian und Klee einsaugend und vom hohen Junigrase grüner Weiden und von murmelnden Bächlein träumend.

Der Geruchsinn hat mir einen nahenden Sturm gemeldet, stundenlang bevor irgendein Anzeichen sichtbar war. Ich bemerke zuerst ein erwartungsvolles Herzklopfen, ein leichtes Beben, ein Zusammenziehen in meinen Nasenlöchern. Wenn der Sturm näherzieht, weiten meine Nüstern sich, um besser die Flut von Erdgerüchen zu empfangen, die sich zu mehren und sich auszubreiten scheinen, bis ich den Regen gegen meine Wange anklatschen fühle. Wie der Sturm scheidet, weiter und weiter zurückweicht, entschwinden die Gerüche, werden schwächer und schwächer und ersterben schließlich jenseits der Schranke des Raums. Ich erkenne am Geruch die Art des Hauses, das wir betreten. Ich habe ein altmodisches Landhaus erkannt, weil es verschiedene Schichten von Gerüchen hat, die von einer Reihenfolge von Familien, Pflanzen, Parfümerien und Draperien hinterlassen worden waren.

In der Abendruhe gibt es weniger Schwingungen als bei Tage, und dann empfange ich meine Wahrnehmungen in höherem Maße durch den Geruchsinn. Der Schwefelgeruch eines Streichhölzchens sagt mir, daß die Lampen angezündet werden. Später bemerke ich eine irrende Fährte von Geruch, der hin und her flackert und dann verschwindet. Dies ist das Signal für die Nachtruhe: die Lichter sind ausgelöscht.

Gerüche am Wege

Draußen erkenne ich durch Geruch- und Tastsinn den Grund, worauf wir gehen, und die Stellen, woran wir vorbeikommen. Zuweilen, wenn es windstill ist, sind die Gerüche so gruppiert, daß ich den Charaker der Landschaft erkenne und eine Heuwiese, einen Dorfladen, einen Garten, eine Scheune, ein Bauerngehöft mit offenen Fenstern, ein Fichtenwäldchen gleichzeitig ihrer Lage nach erkenne.

Neulich schritt ich einem mir vertrauten Walde zu. Plötzlich ließ ein störender Geruch mich verdrießlich stillstehen. Dann folgte ein eigentümliches taktmäßiges Schwirren und diesem ein schwerer dumpfer Donner. Ich verstand den Geruch und die Erschütterung nur zu gut. Die Bäume wurden gefällt. Wir kletterten auf den Steinwall zur Linken; er begrenzt den Wald, den ich so lange geliebt habe, daß er mir als ein eigener Besitz erscheint. Heute aber sagten mir ein früher unbekanntes Rauschen der Luft und eine ungewohnte Flut von Sonnenwärme, daß meine Freunde, die Bäume, fort waren. Der Platz war leer wie eine verlassene Wohnung. Ich streckte meine Hand aus. Wo einst die wurzelfesten Fichten standen, groß, schön, duftig, da berührte meine Hand jetzt rauhe, feuchte Stümpfe. Ringsherum lagen zerbrochene Äste wie Geweihe getöteter Hirsche. Das duftende Sägemehl wirbelte um mich herum; ein unwillkürlicher Groll durchzuckte mich ob dieser unbarmherzigen Zerstörung von Schönheit, die ich liebe. Aber in der Natur gibt es keinen Ärger, keinen Groll.

Die Luft ist gleichmäßig mit Düften des Lebens wie der Zerstörung beladen; denn der Tod dient ebenso wie das Wachstum immerdar dem alles besiegenden Leben. Die Sonne scheint wie immer, und die Winde hasten über die neugewonnenen freien Flächen. Ich weiß, ein neuer Forst wird sprießen, wo der alte stand, ebenso schön, ebenso wohltätig.

Wahrnehmungen des Tastsinns sind beständig und endgültig. Gerüche sind flüchtig und irren vom Wege ab; sie wechseln in ihren Abstufungen und Schattierungen; sie sind bald hier, bald da. Es ist noch etwas anderes am Geruch, was mir eine Empfindung für Entfernung gibt. Ich möchte es Horizont nennen — die Linie, wo Geruch und Phantasie auf der äußersten Grenze des Duftes sich begegnen.

Der Geruch gibt mir mehr als Gefühl oder Berührung einen Begriff von der Art, wie Gesicht und Gehör wahrscheinlich ihre Funktionen verrichten. Das Gefühl scheint dem berührten Gegenstand anzuhaften, weil eine Berührung von Oberflächen erfolgt. Beim Geruch habe ich keine Empfindung von einem Hervortreten des Gegenstandes. Der Geruch scheint nicht dem mit dem Geruchsorgan wahrgenommenen Gegenstande zu eigen zu sein, sondern diesem Organ. Da ich einen Baum von ferne rieche, so ist es mir begreiflich, daß jemand ihn sieht, ohne ihn zu berühren. Ich wundere mich nicht über die Tatsache, daß der Sehende den Baum als ein flaches Bild auf seiner Netzhaut empfängt, denn mein Geruch nimmt den Baum als eine dünne Sphäre ohne Fülle oder Inhalt wahr. An und für sich sind Gerüche nichtssagend. Ich muß erst durch Ideenverbindung lernen, nach ihnen Entfernungen, Örtlichkeiten, Handlungen zu beurteilen und auf Nebenumstände zu schließen, bei denen sie in Wirksamkeit zu treten pflegen. Wie man mir sagt, ziehen die übrigen Menschen genau ebenso ihre Schlüsse aus Farbe, Licht und Klang.

Trügerischer Personengeruch

Ausdünstungen sagen mir viel Neues von Menschen. Oft erkenne ich daran die Arbeit, womit sie beschäftigt sind. Gerüche von Holz, Eisen, Farben, Gewürzen heften sich den Kleidern derer an, die damit zu tun haben. So kann ich den Tischler vom Eisenarbeiter unterscheiden, den Künstler vom Maurer oder Apotheker. Wenn jemand schnell von einem Ort zum andern geht, bekomme ich einen Geruchseindruck von dem Ort, wo er gewesen ist: der Küche, dem Garten oder der Krankenstube. Angenehme Gedanken an Frische und guten Geschmack gewinne ich durch die Gerüche von Seife, Toilettenwasser, sauberen Kleidern, Handschuhen, wollenen und seidenen Stoffen.

Ich besitze allerdings nicht den allwissenden Spürsinn des Hundes oder des wilden Tieres. Nur Lahme und Blinde brauchen meine geschickte Verfolgung zu fürchten; denn außer Wasser, kalten Fährten und verwirrenden, kreuzenden Spuren gibt es noch manches andere, was mich irreleitet.

Soviel ist jedoch sicher: menschliche Gerüche sind so mannigfaltig und so leicht zu unterscheiden wie Hände und Gesichter. Die teuren Gerüche derer, die ich liebe, sind so bestimmt, so unverkennbar, daß nichts sie völlig verwischen kann. Sollten auch viele Jahre verstreichen, bis ich einen vertrauten Freund wiedersehe, ich glaube, ich würde im Herzen Afrikas augenblicklich seinen Geruch erkennen, ebenso schnell wie mein bellendes Brudergeschöpf.

Vor langer Zeit küßte mich einmal im Menschengedränge eines Bahnhofes eine vorübereilende Dame. Ich hatte nicht einmal ihr Kleid berührt. Aber sie hinterließ mir mit ihrem Kuß einen Duft, der mir eine schnelle Vorstellung vor ihr gab. Es ist viele Jahre her, seit sie mich küßte. Aber ihr Geruch ist noch frisch in meinem Gedächtnis.

Es ist schwierig, die Sache an sich, den trügerischen Personengeruch in Worten auszudrücken. Es scheint für Gerüche keinen angemessenen Wortschatz zu geben; ich muß daher zu Umschreibungen und Gleichnissen meine Zuflucht nehmen.

Gewisse Leute haben einen unbestimmten, unkörperlichen Geruch, der umherschwebt; er spottet jedes Versuches, ihn unter einen bestimmten Begriff zu bringen. Zuweilen begegne ich Leuten, denen ein unterscheidender Personengeruch fehlt; ich finde solche Menschen selten lebhaft oder unterhaltend. Andererseits besitzen Leute mit stark ausgeprägtem Geruch oft große Lebhaftigkeit, Willens- und Geisteskraft.

Die Ausdünstungen von Männern sind in der Regel stärker, lebhafter, schärfer unterschieden als die von Frauen. Im Geruch junger Männer ist etwas Elementares, etwas von Feuer, Sturm und Salzflut; Schwungkraft und Lebenssehnsucht pulsieren darin. Er erinnert an lauter Starkes, Schönes und Fröhliches und erregt in mir eine Empfindung von körperlicher Glückseligkeit. Ich möchte wohl wissen, ob auch andere bemerken, daß alle kleinen Kinder denselben Geruch haben — rein, einfach, unentzifferbar, wie ihre schlummernde

Persönlichkeit. Erst im Alter von sechs oder sieben Jahren beginnen sie einen wahrnehmbaren Eigen-Geruch zu haben. Dieser entwickelt sich und reift mit ihren Geistes- und Körperkräften.

Was ich über Geruch, besonders Personengeruch, geschrieben habe, wird vielleicht als das unnormale Gefühl eines Menschen angesehen werden, der von der »wirklichen, schönen Welt, die das Auge wahrnimmt«, keinen Begriff haben kann. Es gibt Farbenblinde und Leute, die für Tonwerte taub sind. Die allermeisten aber sind geruchsblind und -taub. Wir sollten eine musikalische Komposition nicht auf das Zeugnis eines Ohres hin verdammen, das nicht eine Note von der anderen zu unterscheiden weiß, und wir sollten nicht ein Gemälde nach dem Wahrspruch eines farbenblinden Kritikers beurteilen. Die Geruchswahrnehmungen, die mein Leben mit Freude und Belehrung erfüllen, es frei und weit machen, sie sind nicht etwa weniger lieblich, bloß weil eben ein Kritiker, der den breiten, hellen Weg der Gesichtswahrnehmungen wandelt, seinen Geruchsinn nicht ausgebildet hat. Ohne die scheuen, flüchtigen, oft unbemerkten Empfindungen, aber auch Gewißheiten, die ich durch Geruch, Geschmack und Gefühl erhalte, wäre ich gezwungen, meinen Begriff vom Weltall ganz und gar nur von anderen zu empfangen. Mir würde die Alchemie fehlen, durch die ich jetzt Licht, Farbe und den Proteus'schen Funken in meine Welt bringe. Die sinnfällige Wirklichkeit, die sich mit meiner tastenden Einbildungskraft verwebt und dadurch diese befestigt, würde zerstört werden. Die feste Erde würde unter meinen Füßen schmelzen und sich im Weltraum verlieren. Die Gegenstände, die meinen Händen teuer sind, würden formlose, tote Dinge werden, und ich würde als ein unsichtbares Gespenst unter ihnen wandeln.

Relative Werte der Sinne

Ich hatte einmal etliche Tage lang Geruch und Geschmack verloren. Es kam mir unglaublich vor, wie ich so völlig von allen Gerüchen getrennt war, wie ich die Luft einsog und niemals auch nur den geringsten Duft wahrnahm. Dies Gefühl glich wahrscheinlich, wenngleich in geringerem Grade, dem eines Menschen, der zum ersten Male seine Sehkraft verliert und es nun gar nicht erwarten kann, das Licht wiederzusehen, der jeden Tag, jede Minute darauf hofft. Ich wußte, daß ich nach einer gewissen Zeit wieder würde riechen können. Und doch — nachdem die Verwunderung vorbei war, kroch ein Gefühl von Einsamkeit über mich her, von einer Einsamkeit, so ungeheuer wie die Luft, deren Zehntausende von Düften mir fehlten. Die zahlreichen, zarten Wonnen, die durch den Geruch mein eigen werden, sie waren nun für eine Zeitlang zu trüben Erinnerungen geworden. Als ich den verlorenen Sinn zurückerlangte, da weitete sich mein Herz vor Freude. Einen feinen wirkungsvollen Zug gibt Hans Andersen in seinem Märchen von Kay und Gerda der Stelle von den Blumen: Kay, den der Spiegel des bösen Zauberers gegen menschliche Liebe blind gemacht hat, läuft grimmig von Hause fort, als er entdeckt, daß die Rosen ihren süßen Duft verloren haben.

Der Verlust des Geruchsinnes für ein paar Tage gab mir einen klareren Begriff denn je, was es heißt, plötzlich hoffnungslos zu erblinden. Mit einer geringen Anstrengung meiner Einbildungskraft begriff ich, wie es sein muß, wenn ein undurchdringlicher Vorhang plötzlich Tageslicht, Sterne und das Himmelsgewölbe selbst verhüllt. Ich sehe, wie die Augen des Blinden nach dem Lichte streben, indes er ängstlich die altbekannten Wege zu gehen sucht, bis endlich die ewig unveränderte Leere rings um ihn herum ihm die Gewißheit einprägt, daß die Dunkelheit Wirklichkeit ist.

Der zeitweilige Verlust des Geruchsinnes bewies mir außerdem, daß das Fehlen eines Sinnes die geistigen Fähigkeiten nicht zu beeinflußen braucht und daß es die bildliche Vorstellung von der Welt nicht verzerrt. Und so ziehe ich den Schluß, daß Blindheit und Taubheit nicht die innere Ordnung des Intellektes zu stören brauchen. Ich weiß, daß ich, selbst wenn es für mich keine Gerüche gäbe, trotzdem noch einen beträchtlichen Teil der Welt besitzen würde. Eine Fülle von Neuem und Überraschendem würde sich mir auftun, Erlebnisse würden in der Dunkelheit sich häufen.

In meiner Bewertung der Sinne stelle ich den Geruch ein wenig tiefer als das Ohr, das Gefühl aber viel höher als das Auge. Da finde ich nun, daß große Künstler und Philosophen in dieser Hinsicht mit mir übereinstimmen. Diderot sagt: »Ich fand, daß von allen Sinnen das Gesicht der oberflächlichste war, das Gehör der stolzeste, der Geruch der wollüstigste, der Geschmack der abergläubigste und unbeständigste, das Gefühl der tiefste und philosophischste.«

Ein Freund, den ich niemals gesehen habe, schickt mir ein Zitat aus Symonds' Renaissance in Italy: »Lorenzo Ghiberti beschreibt ein antikes Bildhauerwerk, das er in Rom sah, und fügt dann hinzu: Die Vollendung des künstlerischen Wissens und Könnens, die auf dieses Werk verwandt ist, mit Worten zu beschreiben, ist unmöglich; die auserlesensten Schönheiten des Werkes können nicht mit dem Auge entdeckt werden, sondern nur mit der Hand, die darüber hinstreicht. – Von einer anderen klassichen Marmorarbeit in Padua sagt er: Als der christliche Glaube triumphierte, wurde die Statue an diesem Ort versteckt. Eine freundliche Seele ließ eine Grabkammer von Ziegeln bauen, als sie dieses vollkommene Meisterwerk der Kunst, die Schöpfung eines großen Geistes sah und dadurch zu ehrfurchtsvollem Mitleid gerührt wurde. In dieses Grab wurde die Statue versenkt; dann wurde eine breite Steinplatte darüber gedeckt, damit sie vor Beschädigungen ganz sicher wäre. Dieses Kunstwerk hat viele liebliche Schönheiten, die die Augen allein weder bei starkem noch bei gedämpftem Licht wahrnehmen können; nur die Hand findet sie, wenn sie darüber hinstreicht.« –

Streckt eure Hände aus, die wonnigwohlige Berührung der Sonnenstrahlen zu fühlen! Drückt die weichen Blumen an eure Wangen, betastet ihre anmutigen Formen, die zarte Unveränderlichkeit ihrer Gestalten, ihre Schmiegsamkeit, ihre Frische! Badet euer Antlitz in den Luftströmen, mit denen die Himmel euch umfluten, »zieht tiefe Züge Weltenraumes ein«, bewundert das Wunder der unermüdlichen Tätigkeit des Windes! Heimst Ton auf Ton die unendliche Musik ein, die unablässig anschwellend, mit den rhythmischen Schwingungen von tausend Zweigen, von stürzenden Gewässern eure Seele überflutet! Wie kann die Welt zusammenschrumpfen, solange dieser tiefste, innerlichste aller Sinne, das Gefühl, mir treu zu Diensten steht? Hieße eine Fee mich zwischen Gesicht und Gefühl wählen, ich weiß gewiß, ich gäbe sie nicht her, die warme liebliche Berührung menschlicher Hände, den Reichtum an Formen, die bewegliche Fülle, die meine Hände umschließen!

Die Dichter haben uns gesagt, wie voll von Wundern die Nacht ist. Auch die Nacht der Blindheit hat ihre Wunder. Die einzige ganz lichtlose Nacht ist die Nacht der Unwissenheit und Gefühllosigkeit. Ob blind oder sehend: wir unterscheiden uns voneinander nicht durch unsere Sinne, sondern durch den Gebrauch, den wir von ihnen machen, durch die Einbildungskraft und den Mut, womit wir Weisheit jenseits unserer Sinne suchen.

Es ist schwieriger, Unwissenheit denken zu lehren, als einen geistig begabten Blinden die Größe des Niagara sehen zu lehren. Ich bin neben Leuten geschritten, deren Augen voll von Licht sind, und die doch nichts sehen, nichts in Wald, Meer oder Himmel, nichts in den Straßen der Weltstadt, nichts in Büchern. Welch eine witzlose Maskerade ist solches Sehen! Es wäre weit besser, mit Verstand und Gefühl in ewiger Nacht der Blindheit zu wandeln, als sich so mit der bloßen Verrichtung des körperlichen Sehens zu begnügen! Sie haben Sonnenuntergang, haben Morgenhimmel, haben den Purpur ferner Berge — und ihre Seele geht durch diese Zauberwelt und sieht von aller Schönheit nichts.

Das Unglück, blind zu sein, ist unermeßlich, unersetzlich. Aber es beraubt uns nicht unseres Anteils an den Dingen, auf die es ankommt: an Hilfsbereitschaft,

Freundschaft, Humor, Phantasie, Weisheit. Der geheime innere Wille, der weist dem Geschick des Menschen die Bahn. Es steht in der Macht unseres Willens, gut zu sein, zu lieben und geliebt zu werden und zu denken, damit wir weiser werden. Diese geistgeborenen Kräfte besitzen wir ebenso wie Gottes Kinder alle. Darum sehen auch wir die Blitze und hören den Donner von Sinai. Auch wir ziehen durch Wildnis und Einsamkeit, und Gott läßt für uns die Wüste blühen wie einen Rosenbusch. Auch wir ziehen ins gelobte Land, die Schätze des Geistes zu erwerben und die unsichtbare Allgegenwart von Leben und Natur.

Ein Blinder, der Geist hat, tritt dem Unbekannten entgegen, ringt damit — und was anderes tut die Welt sehender Menschen? Der Blinde hat Einbildungskraft, Mitgefühl, Menschlichkeit, und diese unausrottbaren Eigenschaften zwingen ihn, gewissermaßen durch Stellvertretung sich einen Sinn anzueignen, den er nicht hat. Stößt er auf Wörter, die sich auf Farbe, Licht, Physiognomik beziehen, so rät und sucht er so lange, bis er durch analoge Schlüsse von den Sinnen, die er hat, ihre Bedeutung herausbekommen hat. Ich habe eine natürliche Neigung, zu denken und Schlüsse zu ziehen, wie wenn ich fünf Sinne hätte statt meiner drei. Auf diese Neigung habe ich gar keinen Einfluß; sie ist unwillkürlich, instinktiv, haftet meinem Wesen an. Ich kann meinen Geist nicht zwingen, »ich fühle« zu sagen statt »ich sehe« oder »ich höre«. Prüfe ich das Wort »fühlen« genauer, so stellt sich heraus, daß es nicht weniger konventionell ist als »sehen« und »hören«, wenn ich Wörter suche, die die Einwirkung der äußerlichen Welt auf meine drei körperlichen Sinne ganz genau bezeichnen sollen. Wenn ein Mensch sein Bein verliert, treibt ihn sein Gehirn immer noch an zu gebrauchen, was er nicht mehr hat, und wovon er doch fühlt, daß es noch da ist. Ist vielleicht das Gehirn so beschaffen, daß es seine Tätigkeit, wodurch die Sinne des Gesichts und des Gehörs belebt werden, noch fortsetzt, nachdem Auge und Ohr zerstört sind?

Gegenseitige Ergänzung der Sinne

Es könnte den Anschein haben, wie wenn die fünf Sinne nur dann wissentlich zusammenwirken könnten, wenn sie in einem und demselben Körper vorhanden wären. Aber es ist nicht so. Wenn zwei oder drei von den Sinnen ohne Hilfe bleiben, suchen sie nach Ergänzung in einem anderen Körper, und sie finden, daß sie mit dem geborgten Gespann lustig dahintraben. Wenn meine Hand mir weh tut, weil ich sie zu sehr angestrengt habe, finde ich Erholung durch die Augen eines anderen Menschen. Wenn mein Geist erschlafft, weil er durch angestrengtes Nachdenken über dunkle, klanglose, farblose, abstrakte Gegenstände ermüdet ist, so gewinnt er seine Spannkraft wieder, sobald ich mich der Kräfte eines anderen Geistes bediene, der über Licht, Wohlklang, Farbe gebietet. Wenn nun die fünf Sinne niemals auf die Dauer vereinzelt bleiben, so kann auch das Leben des Taub-Blinden nicht von dem Leben der sehenden, hörenden Menschen getrennt werden.

Ein Taub-Blinder kann sich wie Schillers Taucher in Meerestiefen des Unbekannten stürzen und wieder stürzen. Aber ihm ist nicht das Los jenes dem Tode geweihten Helden beschieden, sondern triumphierend kehrt er zurück: er hat die unschätzbare Wahrheit gewonnen, daß sein Geist nicht verkrüppelt, nicht durch Gebrechlichkeit seiner Sinne beschränkt ist. Die Welt des Auges und des Ohres gewinnt für ihn einen verhängnisvollen Reiz. Er begreift jedes Wort, das sich auf Sehen und Hören bezieht, er muß es begreifen durch seine eigenen Wahrnehmungen. Licht und Farbe, für die er keinen zu greifenden Beweis hat, studiert er ohne Zagen, denn er glaubt, daß jede Wahrheit, die der Mensch erkennen könne, auch ihm offen stehe. Er befindet sich in einer ähnlichen Lage wie der Astronom, der standhaft und geduldig viele Jahre lang Nacht auf Nacht immer denselben Stern beobachtet und sich belohnt fühlt, wenn er eine einzige neue Tatsache daran entdeckt. Der Mensch, der für die gewöhnlichen Dinge der äußerlichen Welt taubblind ist, und der Mensch, der für das unermeßliche Weltall taubblind ist, sie werden beide durch Raum und Zeit beschränkt; aber sie finden einen Ausgleich darin, daß sie gerade diese Beschränkung zwingen, ihnen zu dienen.

Die Hauptmasse vom Wissen der Menschheit ist ein Phantasiegebäude. Weltgeschichte ist nur eine Art von phantastischer Vorstellung, um uns Zivilisationen sehen zu lassen, die nicht mehr auf der Erde sichtbar sind. Einige von den bedeutendsten Entdeckungen moderner Wissenschaft verdanken ihren Ursprung der Phantasie von Menschen, die weder genaue Kenntnisse besaßen noch genaue Instrumente, um ihre Annahme beweisen zu können. Wäre die Astronomie nicht stets dem Fernrohr weit voraus gewesen, so würde es niemals einem Menschen der Mühe wert erschienen sein, ein Fernrohr anzufertigen. Welche große Erfindung wäre nicht im Geiste des Erfinders schon lange vorhanden gewesen, bevor er ihr eine greifbare Gestalt gab?

Ein glänzenderes Beispiel erfinderischen Wissens ist die Übereinstimmung der Methoden, wie die Philosophen die Welt zu begreifen suchen. Sie können niemals die Welt in ihrer vollen und ganzen Wirklichkeit wahrnehmen. Aber indem sie einen reichlichen Abzug für Irrtümer in ihre Rechnung einstellen, indem sie Ungewißheiten als unwesentlich annehmen, hat ihre Phantasie der Erfahrungswissenschaft den Weg gewiesen.

In ihren höchsten schöpferischen Augenblicken bedienen der große Dichter, der große Musiker sich nicht mehr der groben Werkzeuge des Sehens und Hörens. Sie reißen sich los von den Ankertauen ihrer Sinne, erheben sich auf starken, jeden Widerstand überwindenden Schwingen des Geistes weit empor über unsere dunstigen Hügel und dunklen Täler in einen Bereich von Licht, Musik, Geist.

Wessen Auge sah denn die Glorie von Neu-Jerusalem? Wessen Ohr hörte die Musik der Sphären, den Gang der Zeit, die Schläge des Schicksals, die Streiche des Todes? Kein Mensch hörte mit körperlichen Sinnen den Schwall süßer Stimmen über den Bergen Judäas, kein Mensch sah die himmlische Vision; aber durch die Jahrhunderte hindurch lauschten Millionen von Menschen dieser geistigen Botschaft.

Unsere Blindheit ändert kein Jota an dem Verlaufe innerer Wirklichkeiten. Für uns gilt so gut wie für die Sehenden die Wahrheit, daß zu der allerschönsten Welt immer nur die Phantasie führt. Wünschest du etwas zu sein, was du nicht bist – etwas Schönes, Edles, Gutes –, so schließe deine Augen, und für die kurzen Sekunden eines Traumes bist du, was du zu sein begehrst.

Innere Visionen von Schönheit

Alle Kunst, alle Natur, alles zusammenhängende menschliche Denken lehren uns, daß Ordnung, Verhältnis, Form die wesentlichen Elemente der Schönheit sind. Nun sind ja Ordnung, Verhältnis und Form greifbar und fühlbar. Aber Schönheit und Rhythmus sind tiefer als sinnliche Wahrnehmungen. Sie sind wie Liebe und Glaube. Sie entspringen einem geistigen Vorgang, der nur in geringem Maße von sinnlichen Wahrnehmungen abhängig ist. Ordnung, Verhältnis und Form sind nicht imstande, in einem Geiste den abstrakten Begriff Schönheit hervorzurufen, wenn nicht schon eine seelische Kraft vorhanden ist, die den Elementen Leben einbläst. Viele Leute, die vollkommene Augen haben, sind blind in ihren Wahrnehmungen. Viele Leute, die vollkommene Ohren haben, sind taub für die Regungen der Seele. Gerade diese Leute aber sind es, die sich erkühnen, den Visionen anderer Menschen Schranken vorschreiben zu wollen — anderer Menschen, denen zwar ein Sinn fehlt oder zwei, die aber Willen, Seele, Leidenschaft und Phantasie besitzen. Glaube ist ein Gaukelspiel, wenn er uns nicht lehrt, daß wir uns eine Welt schaffen können, die unaussprechlich viel vollständiger und schöner ist als die wirkliche Welt. Und auch ich darf mir meine bessere Welt erschaffen, denn auch ich bin Gottes Kind und habe ein Teilchen von dem Geiste geerbt, der alle Welten schuf.

Es gibt ein Zusammenklingen aller Dinge, ein Ineinanderfließen von allem, was wir von der körperlichen und von der geistigen Welt wissen. Für mich besteht diese aus allen Eindrücken und Schwingungen, aus Wärme, Kälte, Geschmack, Geruch und aus den Wahrnehmungen, die sie dem Geist zuführen und die mit verwandten Ideen und erworbenen Kenntnissen in unendlicher Mannigfaltigkeit verbunden und durchwoben sind. Kein denkender Mensch wird glauben, daß das, was ich über Fußtritte sagte, sich ganz genau nur auf Stöße und Erschütterungen bezieht. Es ist eine Verbindung von Geistigem mit gewissen natürlichen Elementen, Wahrnehmungen des Gefühlsinnes und einer erworbenen Kenntnis von körperlichen Gewohnheiten und moralischen Eigenschaften geistig hochstehender menschlicher Wesen. Was würden Gerüche bedeuten, wenn sie nicht in Verbindung gebracht würden mit der Jahreszeit, mit dem Haus, worin ich wohne, und mit den Menschen, die ich kenne?

Das Ergebnis eines solchen Vermischens gleicht zuweilen dem Stimmen eines Instruments, was durchaus keine Melodie, geschweige denn eine Symphonie ergibt (Für solche, die stets einer Beruhigung bedürfen, will ich sagen, daß ich einen Musiker befühlt habe, der seine Geige stimmte, daß ich von einer Symphonie gelesen habe und daher eine vollauf genügende geistige Vorstellung des von mir gebrauchten Gleichnisses besitze.) Aber durch Übung und Erfahrung gelangen die Fähigkeiten dahin, daß sie die zerstreuten Klänge sammeln und zu einem vollen harmonischen Ganzen verbinden. Ist der Mensch, der diese Aufgabe vollbringt, besonders begabt, so nennen wir ihn einen Dichter. Blinde und Taube sind allerdings keine großen Dichter; doch trifft man wohl ab und an einen Blinden oder Tauben, der den Weg in sein Königreich der Schönheit gefunden hat.

Blinde Dichter

Ich besitze einen kleinen Band Dichtungen von einer Taub-Blinden, Madame Berthe Galeron. Ihre Poesie ist beweglich und gedankenreich. Bald ist sie zärtlich und lieblich, bald von tragischer Leidenschaft und von dem Ernst ihres Schicksals erfüllt. Victor Hugo nannte sie »La Grande Voyante«. Sie hat ein Lustspiel und zwei Dramen geschrieben, die in Paris aufgeführt worden sind. Die französische Akademie hat ihr Werk gekrönt.

Die unendlichen Wunder des Weltalls werden uns genau in dem Maße enthüllt, wie wir imstande sind, sie zu begreifen. Die Schärfe unserer Gesichtswahrnehmung beruht nicht darauf, wieviel wir sehen können, sondern wieviel wir fühlen. Darum schafft auch bloßes Wissen niemals Schönheit. Die Natur singt ihre köstlichen Melodien denen, die sie lieben. Sie enthüllt ihre Geheimnisse nicht denen, die nur ihren Zergliederungstrieb befriedigen, nur Tatsachen sammeln wollen, sondern denen, die in ihren mannigfaltigen Erscheinungsformen Hinweise auf erhabene, zarte Gefühle finden.

Will man mir das Recht bestreiten, Wörter wie Frische, funkeln, dunkel, trübe zu gebrauchen? Ich bin in der Morgenfrühe über das Feld gewandert. Ich habe einen Rosenstrauch gefühlt, der schwer von Tau und Wohlgeruch war. Ich habe die anmutigen Schmiegungen meines spielenden Kätzchens gefühlt. Ich habe das liebliche, schüchterne Wesen kleiner Kinder kennengelernt. Ich habe auch die traurigen Gegensätze von all diesem kennengelernt, ein entsetzliches Tastbild. Vergesset nicht: ich bin zuweilen einen staubigen Weg gewandert, soweit mich meine Füße tragen wollten. Bei einer plötzlichen Wendung der Straße bin ich auf verdorrte, häßliche Unkräuter getreten; meine Hände ausstreckend, habe ich einen schönen Baum berührt, dem ein Schmarotzer das Leben ausgesogen hatte wie ein Vampir. Ich habe ein hübsches Vögelchen berührt, dessen weiche Flügel schlaff herabhingen, dessen kleines Herz nicht mehr schlug. Ich habe über die Schwäche und Verunstaltung eines lahmen oder blinden oder, schlimmer noch, blödsinnigen Kindes geweint. Hätte ich den Genius eines Thomson — auch ich könnte eine »Stadt der furchtbaren Nacht« schildern, nur nach den Wahrnehmungen, die mir der Tastsinn vermittelt hat. Da wir so unversöhnliche Gegensätze kennen — können wir umhin, uns einen Begriff von Schönheit zu machen? müssen wir nicht liebliche Anmut sofort erkennen, wenn wir ihr begegnen?

Hier ein Sonett, das ein beredtes Zeugnis ist für die Gestaltungskraft eines Blinden:

The mountain to the pine

Thou tall, majestic monarch of the wood,
That standest where no wild vines dare to creep,
Men call thee old, and say that thou hast stood
A century upon my rugged steep;
Yet unto me thy life ist but a day,
When I recall the things that I have seen, —
The forest monarchs that have passed away
Upon the spot where first I saw thy green;

For I am older than the age of man,
Or all the living things that crawl or creep,
Or birds of air, or creatures of the deep;
I was the first dim outline of God's plan:
Only the waters of the restless sea
And the infinite stars in heaven are old to me.

(Du hoher majestätischer Monarch des Waldes, der Du stehst, wo keine wilden Ranken mehr zu kriechen wagen — die Menschen nennen Dich alt und sagen, ein Jahrhundert seist Du an meinem zerklüfteten Steilhang gestanden;

Aber für mich ist Dein Leben nur ein Tag, wenn ich mir zurückrufe, was ich gesehen habe — die Waldkönige, die dahinschwanden auf der Stelle, da ich zuerst Dein Grün sah;

Denn ich bin älter als der Menschen Zeit, älter als alles Lebende, das kreucht oder fleucht, älter als die Vögel der Luft, oder die Geschöpfe der Meerestiefe;

Ich war der erste schwache Umriß von Gottes Weltenplan; nur die Wasser der rastlosen See und die unendlichen Sterne am Himmel sind alt für mich.)

Ich freue mich, daß mein Freund Stedman dieses Gedicht kannte, als er seine Anthologie zusammenstellte; denn da er es kannte, mußte ein so feiner Dichter und Kritiker ihm natürlich einen Platz in seiner »Schatzkammer amerikanischer Dichtung« anweisen. Der Dichter, Clarence Hawkes, ist von Kindheit an blind gewesen; und doch findet er in der Natur Winke, nach denen er seine geistigen Bilder komponiert. Aus seinem Wissen, aus den Eindrücken, die er empfängt, schafft er sein Meisterwerk, das er an die Wand seiner Gedanken hängt. Und in des Dichters Hause kehren alle echten Geister der Welt ein.

Nur ein auserlesener Dichter konnte in dem Berge »den ersten schwachen Umriß von Gottes Weltenplan« sehen. Dies ist das wirklich Wunderbare an dem Gedicht, und nicht, daß ein Blinder so zuversichtlich von Himmel und Meer spricht. Unsere Vorstellungen vom Himmel sind eine Ansammlung von Tasteindrücken, von literarischen Anspielungen und von Beobachtungen anderer Menschen — das alles durch inneres Gefühl miteinander vermengt. Mein Gesicht fühlt nur einen winzigen Teil der Atmosphäre; aber ich gehe beständig durch den Luftraum und fühle die Luft an jedem Punkt, in jedem Augenblick. Man erzählte mir von den Entfernungen unserer Erde bis zur Sonne, zu den anderen Planeten und zu den Fixsternen. Ich vertausendfache die größte Höhe und Breite, die mein Tastsinn ausmißt, und so gewinne ich einen tiefen Begriff von des Himmels Unendlichkeit.

Bewegt mich beständig über Wasser, Wasser, nichts als Wasser, und ihr gebt mir damit die Einsamkeit, die Unendlichkeit des Weltmeers, das eure Augen füllt. Ich bin in einem kleinen Segelboot auf der See gewesen, und die Flutwelle trug es dem Strande zu. Kann ich also nicht des Dichters Bild verstehen: »Das Grün des Frühlings überschwemmte die Erde wie eine Flutwelle«? Ich fühlte die Flamme einer Kerze im Winde schwanken und flackern. Darf ich also nicht sagen: »Myriaden von Feuerfliegen schießen über das taufeuchte Gras hin und her wie flackernde kleine Kerzen«?

Verbindet den unendlichen Luftraum, die Wärme der Sonne, die wechselnden Düfte, die ich einsauge, die Wolken, die meinem verstehenden Geist beschrieben werden, eine Quelle, die aus dem Boden hervorsprudelt, oder die vom Winde gekräuselte Wasserfläche eines Sees, die taktmäßigen Hebungen und Senkungen der Hügelwellen, die ich in meine Erinnerung zurückrufe, wenn ich fern von ihnen bin, die Bäume, die sich übereinander auftürmen, wenn ich über die Hügel schreite, die Richtungen, die ich mir zu merken suche, während andere mir die Lage der verschiedenen Punkte der Gegend beschreiben — verbindet dies alles miteinander, und ihr werdet anfangen, euch von der Art meiner geistigen Landschaft immer mehr zu überzeugen. Die äußerste Grenze, bis zu welcher mein Gedanke mit klarem Bewußtsein geht, ist der Horizont meines Geistes. Nach diesem Horizont mache ich mir eine Vorstellung von dem anderen Horizont, den das Auge zieht.

Der Tastsinn kann keine Entfernung überbrücken — er ist nur wirksam, wenn Oberflächen sich berühren —, aber der Gedanke springt über jeden Abgrund hinüber. Aus diesem Grunde kann ich Worte gebrauchen, welche Gegenstände beschreiben, die von meinen Sinnen entfernt sind. Ich habe die Rundung eines zarten Kinderkörpers gefühlt; diese Wahrnehmung kann ich auf eine Landschaft und auf ferne Hügel anwenden.

Analogien in Sinneswahrnehmungen

Zwar habe ich nicht den Umriß eines Sterns berührt noch auch den Glanz des Mondes, aber ich glaube, daß Gott in meinem Geiste zwei Lichter geschaffen hat, das größere, das den Tag regiere, und das kleinere, das die Nacht regiere, und mit ihrer Hilfe weiß ich, daß ich imstande bin, mein Lebensschiff zu lenken, und daß ich ebenso sicher bin, den Hafen zu erreichen, wie ein Schiffer, der nach dem Nordstern steuert. Vielleicht scheint meine Sonne nicht so wie eure. Die Farben, die meine Welt verherrlichen, das Blau des Himmels, das Grün der Felder, mögen vielleicht nicht genau den Farben entsprechen, an denen ihr euch entzückt, aber für mich sind sie nichtsdestoweniger Farben. Für meine körperlichen Augen freilich scheint die Sonne nicht, flammt der Blitz nicht auf, grünt der Baum nicht im Lenz. Darum haben sie aber doch nicht aufgehört, vorhanden zu sein, sowenig wie die Landschaft vernichtet wird, wenn du ihr den Rücken zudrehst.

Ich begreife, daß Scharlachrot sich von Purpurrot unterscheiden kann, weil ich weiß, daß der Duft einer Orange nicht der Duft einer Pomeranze ist. Ich kann auch begreifen, daß Farben Abtönungen haben, und ich errate, was Abtönungen sind. In Geruch und Geschmack gibt es Abweichungen, die nicht bedeutend genug sind, um wesentlich genannt werden zu können; diese bezeichne ich daher als Abtönungen. Neben mir stehen ein halbes Dutzend Rosen. Sie haben alle den unverkennbaren Rosenduft, und doch sagt mir meine

Nase, daß es nicht dieselben sind. Die American Beauty ist verschieden von der Jacqueminot und der La France. Die Gerüche gewisser Pflanzen verwelken für meinen Sinn genau so wirklich, wie für eure Augen gewisse Farben in der Sonne verwelken. Die Frische einer Blume, die ich in der Hand halte, entspricht der Frische eines eben vom Baum gepflückten Apfels, in den ich hineinbeiße. Analogien dieser Art benutze ich, um meine Begriffe von Farben zu erweitern. Manche Vergleiche, die ich zwischen Eigenschaften von Oberflächen und Schwingungen, von Geschmack und Geruch anstelle, sind von anderen Vergleichungen zwischen Sehen, Hören und Fühlen abgeleitet. Diese Tatsache ermutigt mich, bei meinem Bemühen auszuharren und immer wieder zu versuchen, die Kluft zwischen Auge und Hand zu überbrücken.

Und sicherlich gewinne ich reichlich genug, um das Entzücken mitzuempfinden, das meine Mitmenschen an der gesehenen Schönheit und an der gehörten Harmonie fühlen. Dieses Band zwischen der Menschheit und mir zu erhalten, lohnt der Mühe, selbst wenn die Ideen, die ich ihm zugrunde lege, sich als irrig erweisen sollten.

Liebliche, schöne Schwingungen sind für meinen Tastsinn vorhanden, auch wenn sie, um mich zu erreichen, durch anderen Stoff geleitet werden als durch die Luft. So vermittelt mir meine Phantasie süße, entzückende Klänge und die künstlerische Anordnung derselben, welche Musik genannt wird, und ich erinnere mich, daß sie durch die Luft ans Ohr gelangen und Eindrücke erzeugen, die gewissermaßen den meinigen gleichen. Ich weiß ferner, was Töne sind, da ich sie in einer Stimme fühlen kann. Von Wärme gibt es große Abstufungen: Wärme der Sonne, des Feuers, einer Hand, eines tierischen Pelzes. Für mich gibt es wirklich so etwas wie eine kalte Sonne. Ich denke ferner an die verschiedenen Arten von Licht, das die Augen trifft: kaltes und warmes Licht, lebhaftes und trübes, sanftes und grelles, aber immer Licht, und ich stelle mir vor, wie es durch die Luft zu einem weitumfassenden Sinn gelangt statt zu einem eng begrenzten, wie der Tastsinn es ist. Nach den Erfahrungen, die ich an Stimmen gemacht habe, errate ich, wie das Auge inmitten von Licht Schatten unterscheidet. Wenn meine Finger an den Lippen einer Frau mit Sopranstimme lesen, bemerke ich einen tiefen oder einen frohen Ton inmitten des Klangflusses der hohen Stimme. Wenn ich fühle, daß meine Wangen heiß sind, so weiß ich, daß ich rot bin. Ich habe soviel über Farben gesprochen und gelesen, daß ich ganz unwillkürlich ihnen Bedeutungen beilege, genau so wie alle Menschen abstrakten Ausdrücken, z.B. Hoffnung, Idealismus, Monotheismus, Intellekt, gewisse Bedeutungen beilegen. Diese Begriffe können nicht durch sichtbare Gegenstände wirklich wiedergegeben werden, aber man versteht sie durch die Analogien zwischen unkörperlichen Begriffen und den durch sie hervorgerufenen Vorstellungen äußerlicher Dinge. Ideenverbindungen veranlassen mich zu sagen, daß Weiß erhaben und rein, daß Grün üppig ist, daß Rot mich an Liebe und Scham oder Stärke denken läßt. Ohne Farbe oder den gleichwertigen Ersatz dafür würde das Leben für mich dunkel und öde sein — eine schwarze Wüste.

Vervollständigung von Begriffen

So dürfen denn nach einem innerlichen Gesetz der Vervollständigung meine Gedanken nicht farblos bleiben. Es treibt meinen Geist, Farbe und Klang von Gegenständen zu trennen. Seit dem Beginn meiner Erziehung wurden mir stets von einem Menschen mit scharfen Sinnen und einem feinen Gefühl für das Kennzeichnende alle Gegenstände mit ihren Farben und Tönen beschrieben. Darum stelle ich mir gewohnheitsmäßig in meinen Gedanken alle Gegenstände als farbig und tönend vor. Dies erklärt sich aber nur zum Teil aus Gewohnheit, zum anderen Teil aus einer seelischen Anlage und zum letzten Teil aus der auf fünf Sinne berechneten Anlage des Gehirns, die ebenfalls ihre Rechte geltend macht. Abgesehen von diesem allem verlangt die Einheit der Welt, daß Farbe darin sei, einerlei, ob ich Kenntnis davon habe oder nicht. Statt mich davon ausschließen zu lassen, nehme ich lieber teil daran, indem ich über Farbe spreche, sie mir vorstelle und glücklich bin in dem Glücke meiner Nächsten, die das liebliche Farbenspiel des Abendhimmels oder des Regenbogens anstaunen.

Meine Hand hat ihren Anteil an dieser mannigfaltigen Kenntnis, aber es darf niemals vergessen werden, daß ich mit den Fingern nur einen sehr kleinen Teil einer Oberfläche sehe, und daß ich beständig mit der Hand darüber hinfahren muß, bevor meine Tastempfindung das Ganze begreift. Noch wichtiger indessen ist es, sich zu erinnern daß meine Phantasie nicht an bestimmte Punkte, Örtlichkeiten und Entfernungen gebunden ist. Sie bringt alle Teile gleichzeitig zusammen, wie wenn sie sie sähe oder kennte, anstatt sie nur zu fühlen. Obgleich ich von meinem Pferde nur einen kleinen Teil zur Zeit fühle – denn mein Pferd ist kitzlig und duldet keine Forschungsreisen meiner Hand –, so habe ich doch so oft Fesseln, Nase, Huf und Mähne gefühlt, daß ich die Rosse des Phöbus Apollo sehen kann, wie sie über das Himmelsgewölbe rennen.

Mit solcher tätigen Kraft begabt, kann unmöglich mein Denken undeutsam und unbestimmt sein. Es muß vielmehr notwendigerweise sicher und bestimmt sein. Dies ist wirklich ein Gegenstück zu der philosophischen Wahrheit, daß die wahre Welt nur für den Geist vorhanden ist. Das heißt: ich kann niemals die Welt in ihrer Ganzheit berühren; ich berühre in der Tat weniger von ihr als die anderen Menschen, nämlich den Teil nicht, den jene sehen und hören. Aber alle Geschöpfe, alle Gegenstände gelangen ganz und gar in mein Gehirn und nehmen dort dieselbe Ausdehnung ein wie im körperlichen Raum. Ich erkläre: für mich biegen sich und schmiegen sich, sausen und brausen statt wirklicher Fichten geästete Gedanken und erfüllen mit ihrer Musik die Bergketten, welche Gipfel hinter Gipfel sich erheben. Sprecht mir von einer Rose, die zu weit von mir entfernt ist, als daß ich sie riechen könnte. Sofort schleicht sich ein Duft in meine Nase, ein Gebilde drückt sich weich in meine Handfläche und weitet sich aus mit seinen gerundeten Blumenblättern, mit den leicht umgerollten Rändern, mit dem gekrümmelten Stengel, mit herabhängenden Blättern. Wenn ich gerne die Welt als ein Ganzes sehen möchte, so schließt sie vor meinem geistigen Blick auf – Mensch, Tier, Vogel, Reptil, Fels und Kiesel. Diese Wärme des Lebens, die Wirklichkeit der Schöpfung ist überall: im Pulsschlag menschlicher Hände, im weichen Glanz von Pelzwerk, in den geschmeidigen Windungen langer Leiber, im scharfen Summen von Insekten, in holperigen Felsenstufen, die ich hinansteige, in der flüssigen Beweglichkeit des Wassers, im Wogenprall, der gegen die Klippen schlägt. Seltsam zu sagen: so oft ich es versucht habe, ich vermag meinen Tastsinn nicht zu zwingen, dieses Weltall nach allen Richtungen zu durchdringen. Sobald ich es versuche, verschwindet das Ganze; nur kleine Gegenstände bleiben zurück oder schmale Teile einer Oberfläche, Müsterchen eines willkürlich verstreuten Chaos von Dingen. Kein Schauer des Entzückens wird dadurch in mir erregt. Aber gib dem künstlerischen, verständnisvollen inneren Sinn sein Gebiet zurück, das ihm von Rechts wegen zukommt, und du schenkst mir eine Freude, die der beste Beweis für die Wirklichkeit ist.

Vor meinem geistigen Erwachen

Bevor meine Lehrerin zu mir kam, wußte ich nicht, daß ich vorhanden war. Ich lebte in einer Welt, die eine Nichtwelt war. Ich darf nicht hoffen, diese unbewußte und doch bewußte Zeit des Nichts angemessen beschreiben zu können. Ich wußte nicht, daß ich etwas wußte, oder daß ich lebte oder etwas tat oder wünschte. Ich hatte weder Willen noch Intellekt. Ich wurde durch einen gewissen blinden, natürlichen Trieb zu Gegenständen und Handlungen geleitet. Ich hatte einen Geist, durch den ich Ärger, Befriedigung, Wünsche empfand. Diese beiden Tatsachen brachten meine Angehörigen auf die Vermutung, daß ich einen Willen hätte und daß ich dächte. An dies alles kann ich mich erinnern, nicht weil ich wüßte, daß es so war, sondern weil ich ein Gedächtnis für Tastempfindungen habe. Dank diesem Gedächtnis erinnere ich mich, daß ich niemals denkend meine Stirn zusammenzog. Niemals prüfte ich etwas, niemals wählte ich. Ferner erinnert sich mein Tastsinn der Tatsache, daß ich niemals mit einer Bewegung des Körpers oder mit einem Herzklopfen fühlte, daß ich etwas liebte oder mir um etwas Sorge machte. Mein inneres Leben war also eine Leere ohne Vergangenheit, Gegenwart oder Zukunft, ohne Hoffnung oder Erwartung, ohne Wißbegier, ohne Freude oder Glauben:

Es war nicht Nacht – es war nicht Tag
Nur raumverschlingende Leere,

Ein fester Platz und doch kein Platz —
Kein Stern — kein Erdball — keine Zeit —
Kein Halt — kein Tausch — kein Gut — kein Böse.

Mein schlummerndes Ich hatte keinen Begriff von Gott oder Unsterblichkeit, hatte keine Furcht vor dem Tode.

Ich erinnere mich, ebenfalls durch meinen Tastsinn, daß ich eine Gabe besaß, Ideen zu verknüpfen. Ich fühlte rhythmische Erschütterungen, zum Beispiel von dem Aufstampfen eines Fußes, von dem Öffnen oder Schließen eines Fensters, von dem Zuschlagen einer Tür. Nachdem ich wiederholt Regen gerochen und die Unbehaglichkeit der Nässe gefühlt hatte, machte ich es wie meine Umgebung: ich lief nach dem Fenster, um es zuzumachen. Aber dies war in keiner Weise ein Denken. Es war dieselbe Art von Ideenverbindung, die die Tiere veranlaßt, Schutz vor dem Regen zu suchen. Infolge des gleichen Instinktes, anderen »nachzuäffen«, legte ich die Kleider zusammen, die aus der Wäsche kamen, räumte die mir selber zugehörenden weg, fütterte die Truthühner, nähte Perlenaugen auf das Gesicht meiner Puppe und tat viele andere Dinge, deren Erinnerung mein Tastsinn aufbewahrt hat. Wenn ich irgend etwas haben wollte, was ich liebte — zum Beispiel Vanilleeis, das ich sehr gern aß —, so hatte ich einen köstlichen Geschmack auf meiner Zunge, (den ich, nebenbei gesagt, jetzt niemals mehr habe) und fühlte in meiner Hand die Umdrehung der Gefriermaschine. Ich machte das Zeichen, und meine Mutter wußte, daß ich Vanilleeis haben wollte. Ich »dachte« und wünschte in meinen Fingern. Hätte ich einen Menschen geschaffen, so würde ich sicherlich Gehirn und Seele in seine Fingerspitzen gelegt haben. Aus dergleichen Erinnerungen schließe ich, daß die Möglichkeit, erst als Kind und später als Mensch ins Leben zu treten, auf dem Erwachen von zwei geistigen Fähigkeiten beruht, nämlich erstens, frei zu wollen oder zu wählen, zweitens, Schlüsse zu ziehen oder, von einem Gedanken ausgehend, einen zweiten Gedanken fassen zu können.

Da ich nicht zu denken vermochte, verglich ich auch nicht einen geistigen Zustand mit einem andern. So war ich mir denn auch nicht bewußt, daß in meinem Gehirn eine Veränderung oder ein Fortschritt stattfand, als meine Lehrerin mich zu unterrichten begann. Ich fühlte nur eine deutliche Freude, daß ich mittels der Fingerbewegungen, die sie mich lehrte, leichter erhalten konnte, was ich wünschte. Ich dachte nur an Gegenstände, und nach Gegenständen ging mein Wunsch. Es war das Umdrehen der Gefriermaschine in größerem Maßstabe. Als ich die Bedeutung von »ich« und »mir« lernte und merkte, daß ich etwas bedeutete, da begann ich zu denken. In diesem Augenblicke gab es für mich zum ersten Male ein Bewußtsein. So war es also nicht der Tastsinn, der mir Wissen brachte. Es war das Erwachen meiner Seele, das zuerst meinen Sinnen ihren Wert zurückgab und sie Gegenstände, Namen, Eigenschaften und Eigentümlichkeiten erkennen lehrte. Denken gab mir den Begriff von Liebe, Freude und allen Gemütsbewegungen. Anfangs vollte ich nur lernen, dann auch verstehen und später über das nachdenken, was ich wußte und verstand. Der blinde Drang, der mich früher nach der Willkür meiner Eindrücke bald hierhin, bald dorthin getrieben hatte, verschwand für immer.

Ich kann nicht klarer als andere Menschen die allmählichen, feinen Umwandlungen von ersten Eindrücken zu abstrakten Begriffen darstellen; aber ich weiß, daß meine körperlichen Ideen, das heißt Ideen, die von stofflichen Gegenständen abgeleitet sind, mir zuerst in ähnlicher Weise wie Tasteindrücke bewußt werden. Augenblicklich aber gehen sie in intellektuelle Begriffe über. Später finden diese Begriffe Ausdruck in sogenannter »innerlicher Sprache«. Als ich ein Kind war, da war meine innerliche Sprache ein innerliches Buchstabieren. Obgleich ich selbst jetzt noch oft dabei überrascht werde, wie ich mir etwas an meinen Fingern vorbuchstabiere, so spreche ich doch auch zu mir selber mit meinen Lippen, und als ich zuerst sprechen lernte, entsagte mein Geist den Fingersymbolen und begann in deutlichen Worten zu sprechen. Dies ist wahr. Wenn ich jedoch mich zu erinnern suche, was irgend jemand zu mir gesagt hat, so fühle ich deutlich eine Hand, die in die meinige hineinbuchstabiert.

Die belebte Welt

Es ist oft gefragt worden, welches meine ersten Eindrücke von der Welt waren, in der ich mich plötzlich fand. Nun aber weiß wohl jeder, der überhaupt über seine ersten Eindrücke nachdenkt, was für ein Rätsel dies ist. Unsere Eindrücke wachsen und wechseln unvermerkt. Was wir nach unserer Meinung als Kinder gedacht haben, ist vielleicht ganz verschieden von dem, was wir wirklich in unserer Kindheit erfuhren. Ich weiß nur, daß nach dem Beginn meiner Erziehung die ganze Welt, die in meinen Bereich kam, für mich lebendig war. Ich buchstabierte meinen Baukastenhölzern und meinen Hunden. Ich hatte Mitgefühl mit den Pflanzen, deren Blüten gepflückt wurden, weil ich dachte, es täte ihnen weh und sie trauerten um ihre verlorenen Blumen. Es dauerte Jahre, bis man mir glaubhaft machen konnte, daß meine Hunde nicht verständen, was ich zu ihnen sagte, und ich entschuldigte mich stets bei ihnen, wenn ich gegen sie anrannte oder auf sie trat.

Als meine Erfahrungen breiter und tiefer wurden, begannen die unbestimmten poetischen Gefühle der Kindheit sich zu bestimmten Gedanken zu verfestigen. — Natur — die Welt, die ich berühren konnte — war ganz und gar von mir angefüllt. Ich bin geneigt, jenen Philosophen zu glauben, welche behaupten, daß wir nichts kennen als unsere eigenen Gefühle und Begriffe. Mit einigen kleinen sinnreichen Schlußfolgerungen mag man dazu kommen, in der körperlichen Welt einfach einen Spiegel zu sehen, ein Abbild fortdauernder geistiger Wahrnehmungen. In jedem Lebenskreise ist Selbsterkenntnis die Vorbedingung und Grenze unseres Bewußtseins. Dies ist vielleicht der Grund, warum viele Leute so wenig von dem wissen, was außerhalb des engen Bereiches ihrer Erfahrungen liegt. Sie blicken in sich selber hinein — und finden nichts! Daraus ziehen sie den Schluß, daß auch draußen nichts sei.

Wie dies denn auch sein möge, ich begann später an anderen nach einem Abbilde meiner eigenen Gefühle und Empfindungen zu suchen. Ich hatte die äußeren Zeichen innerer Gefühle kennenzulernen. Ich mußte erst an anderen bemerken, wie sie vor Furcht zusammenfuhren, wie ihre Muskeln im unterdrückten Schmerze sich zusammenzogen, in freudiger Erregung sich ausdehnten, und ich mußte diese Beobachtungen mit meinen eigenen Erfahrungen vergleichen, bevor ich diese bis zu der unberührbaren Seele meines Mitmenschen zurückverfolgen konnte. Unsicher tastend fand ich doch zuletzt meine Identität, und nachdem ich meine Gedanken und Gefühle an anderen wiederholt gesehen hatte, erbaute ich mir allmählich meine Menschen- und Gotteswelt. Durch Lesen und Studieren habe ich gefunden, daß die anderen Menschen es genau ebenso machen. Der Mensch sieht in sich selber hinein und findet mit der Zeit das Maß und die Bedeutung des Weltalls.

Die Einheit der Menschen

So ist inmitten des Lebens, des eifrigen, gebieterischen Lebens, das taubblinde Kind an den nackten Felsen der Verhältnisse geschmiedet, aber wie eine Spinne sendet es Sommerfäden des Denkens in die unendliche Leere aus, die es umgibt. Geduldig durchforscht es die Finsternis, bis es sich einen Begriff aufbauen kann von der Welt, worin es lebt, bis seine Seele der Schönheit der Welt begegnet, wo immer die Sonne scheint und die Vögel singen. Dem blinden Kinde ist die Finsternis freundlich. Es findet in ihr nichts Außerordentliches oder Schreckliches. Es ist seine vertraute Welt; selbst das Tasten von Ort zu Ort, die strauchelnden Schritte, die Abhängigkeit von anderen erscheinen dem blinden Kinde nicht sonderbar. Es kennt nicht die unzähligen Freuden, die die Finsternis ihm vorenthält. Erst wenn es sein Leben in der Waagschale der Erfahrungen anderer Menschen abwägt, kommt es ihm zum Bewußtsein, was es heißt, immer im Dunkeln zu leben. Aber die Erkenntnis, die ihm diese bittere Lehre gibt, bringt ihm auch seinen Trost — geistiges Licht, die Verheißungen des Tages, der einst kommen wird.

Das blinde Kind, das taubblinde Kind hat den Geist sehender und hörender Vorfahren geerbt — einen Geist, der auf fünf Sinne bemessen war. Darum muß das Kind, auch wenn es ihm selber unbewußt bleibt, von dem Licht, der Farbe, der Melodie beeinflußt werden, die ihm durch die Sprache, die es lernt, übermittelt werden, denn die Kammern des Geistes sind bereit, die

Sprache aufzunehmen. Das menschliche Gehirn ist so von Farbe durchdrungen, daß es sogar die Sprache des Blinden färbt. Jeder Gegenstand, den ich mir vorstelle, erhält durch Ideenverbindung und durch mein Gedächtnis die Färbung, die ihm zukommt. Es geht dem Taub-Blinden in einer Welt von sehenden, hörenden Menschen wie einem Schiffer auf einer Insel, deren Bewohner eine ihm unbekannte Sprache sprechen und ganz anders leben, als er bisher gelebt hat. Er ist einer, sie sind viele; die Möglichkeit eines Ausgleiches ist nicht vorhanden. Er muß lernen, mit ihren Augen zu sehen, mit ihren Ohren zu hören, ihre Gedanken zu denken, ihren Idealen zu folgen.

Wäre die dunkle, schweigende Welt, die den Taub-Blinden umgibt, von der sonnbestrahlten, tönenden Welt wesentlich verschieden, so würde diese für ihn unbegreiflich sein, und man könnte mit ihm niemals darüber sprechen. Wenn seine Gefühle und Empfindungen grundsätzlich von denen anderer Menschen verschieden wären, so würden sie für alle unverständlich sein, ausgenommen für solche, die ebensolche Empfindungen und Gefühle hätten. Wenn das geistige Bewußtsein des Taub-Blinden dem seiner Mitmenschen durchaus unähnlich wäre, so gäbe es für ihn kein Mittel, sich vorzustellen, was sie denken; da aber der Geist des Nichtsehenden wesentlich ebenso ist wie der des Sehenden, insofern ihm nichts fehlt, so muß er irgendeinen Ersatz herbeischaffen für die fehlenden körperlichen Empfindungen. Er muß eine Ähnlichkeit zwischen äußeren und inneren Dingen bemerken, eine Korrespondenz zwischen dem Sichtbaren und dem

Unsichtbaren. Ich benutze eine solche Korrespondenz in mancherlei Beziehungen, und so weit ich auch in ihrer Anwendung auf Dinge, die ich nicht sehen kann, gehen mag — sie hält jede Probe aus.

Einheit der inneren und äußeren Welten

Als eine bloße Hypothese genommen, ist die Korrespondenz auf das ganze Leben in allen seinen Erscheinungsformen anwendbar. Der Blitz des Gedankens und seine Schnelligkeit erklären den Blitzstrahl der Wolken und des Kometen, der über den Himmel fegt. Mein geistiger Himmel öffnet mir die weiten himmlischen Räume, und ich mache mich daran, sie mit den Bildern meiner geistigen Sterne zu füllen.

Ich erkenne die Wahrheit an der Klarheit und Führung, die sie meinem Denken gibt, und da ich weiß, was diese Klarheit ist, so kann ich mir vorstellen, was das Licht für das Auge ist. Wenn ich sage: »Oh, ich sehe meinen Irrtum!« oder »Wie dunkel, freudlos ist sein Leben!«, so ist das nicht eine herkömmliche Redensart, sondern ein zwingendes Gefühl für Wirklichkeit, worüber ich mich zuzeiten selber verwundere. Ich weiß, diese Ausdrücke sind Gleichnisse. Aber ich muß es mit ihnen versuchen, weil es in unserer Sprache nichts gibt, was sie ersetzen könnte. Entsprechende bildliche Ausdrücke für Taub-Blinde sind nicht vorhanden und auch nicht notwendig. Weil ich das Wort »reflektieren« bildlich verstehen kann, ist ein Spiegel für mich niemals etwas Rätselhaftes gewesen. Die Art, wie meine Einbildungskraft ferne Dinge wahrnimmt, ermöglicht es mir zu begreifen, daß es Vergrößerungsgläser gibt, durch die uns die Gegenstände nähergebracht oder weitergerückt werden.

Verweigert mir diese Korrespondenz, diesen inwendigen Sinn, beschränkt mich auf die fragmentarische, zusammenhanglose Welt, die man berühren kann, und seht, ich flattere ratlos umher wie eine Fledermaus. Angenommen, ich verzichtete auf alle Wörter, die sich auf Sehen, Hören, Farbe, Licht, Landschaft und auf die damit verbundenen tausend Erscheinungen, Werkzeuge und Schönheiten beziehen — so würde sich das wißbegierige Entzücken des Erwerbens neuer Kenntnisse sehr vermindern; außerdem — und das wäre ein noch schrecklicherer Verlust — würden meine seelischen Empfindungen abgestumpft werden, so daß ich durch ungesehene Dinge nicht mehr berührt werden könnte.

Ist etwa irgendwie bewiesen worden, daß diese Korrespondenz kein angemessenes Mittel ist? Ist jemals im Gehirn eines Blinden eine Kammer geöffnet und leer gefunden worden? Hat jemals ein Psychologe den Geist eines Blinden untersucht und sagen können: »Es ist keine Empfindung vorhanden?«

Ich stehe auf der festen Erde; ich atme die würzige Luft. Aus diesen beiden Wahrnehmungen bilde ich unzählige Ideenverbindungen und Korrespondenzen. Ich beobachte, fühle, denke, phantasiere. Ich bringe die unzähligen verschiedenen Eindrücke, Erfahrungen, Begriffe miteinander zusammen. Aus diesen Materialien schmiedet die Phantasie, die geschickte Gehilfin des Verstandes, ein Bild, das der Skeptiker mir abstreiten möchte, weil ich nicht mit meinem körperlichen Augen das wechselnde liebliche Antlitz meines Gedankenkindes sehen kann. Er möchte den Spiegel des Geistes zerschlagen. Dieser Geistesvandale möchte meine Seele demütigen und mich zwingen, den Staub der Materie zu schlucken. Während ich an dem Bissen des Umstandes kaue, geißelt und spornt er mich mit dem Stachel der Tatsache. Wenn ich auf ihn achten wollte, würde das schöne Antlitz der Erde in Nichts verschwinden, und ich hielte in meiner Hand nur noch einen zwecklosen, seelenlosen Klumpen toter Materie. Aber wenn auch der körperliche Leib lebend an den prometheischen Felsen angewurzelt ist — die geistesstolze Jägerin der Luft wird stets auf den glänzenden, offenen Bahnen des Weltalls dahinziehen.

Geistige Wahrnehmung wird durch Blindheit nicht beschränkt

Blindheit übt auf geistige Wahrnehmungen keine einschränkende Wirkung aus. Mein geistiger Horizont ist unendlich weit. Die Welt, die er in seinen Kreis einschließt, ist unermeßlich. Würden jene, die mich in den engen Grenzen meiner kümmerlichen Sinne bleiben heißen, von Herschel verlangen, er solle seiner Sternenwelt ein Dach aufsetzen und uns Platos festes Firmament von gläsernen Halbkugeln zurückgeben? Würden sie Darwin aus dem Grabe entbieten und ihm befehlen, seine geologischen Zeiträume auszustreichen und uns dafür ein paar armselige Jahrtausende zurückzugeben? Oh, die hochmütigen Zweifler! Sie sind immer bemüht, dem aufwärtsstrebenden Geist die Flügel zu stutzen.

Ein Mensch, der eines oder mehrerer Sinne beraubt ist, ist nicht, wie viele Leute zu glauben scheinen, in eine pfadlose Wildnis ohne Landmarke und Führer hinausgestoßen. Der Blinde bringt in seine dunkle Umgebung alle Eigenschaften mit, die notwendig sind, um die sichtbare Welt zu begreifen, deren Tore hinter ihm geschlossen sind. Er findet seine Umgebung überall von gleicher Art wie die der sonnenhellen Welt; denn zwischen der Welt drinnen und der Welt draußen ist ein unerschöpflicher Ozean von Ähnlichkeiten, und diese Ähnlichkeiten, diese Korrespondenzen genügen ihm für alle Anforderungen, die sein Leben an ihn stellt. Die Notwendigkeit solcher Korrespondenzen oder Symbolismen erscheint umso zwingender, wenn wir die Pflichten betrachten, welche Religion und Philosophie uns auferlegen.

Die Bestätigung durch Religion und Philosophie

Man erwartet von den Blinden, daß sie die Bibel lesen, um dadurch geistige Glückseligkeit zu erlangen. Nun ist aber die Bibel ganz und gar angefüllt mit Erwähnungen von Wolken, Sternen, Farben und Schönheit, und oft sind diese Worte wesentlich für die Bedeutung des Gleichnisses oder der Rede, worin sie vorkommen. Hier sieht man nur noch die Folgewidrigkeit jener Leute, die an die Bibel glauben und uns trotzdem das Recht bestreiten, von etwas zu sprechen, was wir nicht sehen, und was übrigens sie selber auch nicht sehen. Wer wollte meinem Herzen verwehren zu singen: »Ja, er flog daher, er schwebete auf den Fittigen des Windes. Dunkelheit war unter seinen Füßen. Sein Gezelt um ihn her waren finstere Gewässer und schwarze dicke Wolken, darinnen er verborgen war.«

Die Philosophie weist beständig auf die Unzuverlässigkeit der fünf Sinne hin und auf die wichtige Aufgabe der Vernunft, die die Irrtümer unserer Augen berichtigt und unsere Täuschungen als solche nachweist. Wenn wir uns nicht auf fünf Sinne verlassen können, wieviel weniger dann auf drei! Welchen Grund haben wir, Licht, Klang und Farbe als einen wesentlichen Bestandteil unserer Welt auszuscheiden? Wie können wir wissen, daß sie aufgehört haben, für uns zu existieren? Wir müssen ihr wirkliches Vorhandensein als erwiesen annehmen, gerade wie der Philosoph die Wirklichkeit der Welt annimmt, ohne daß er imstande wäre, sie körperlich als ein Ganzes zu sehen.

Die Philosophie des Altertums bietet uns ein Argument, das noch immer gültig erscheint: in dem Blinden ist wie in dem Sehenden ein Absolutes, das dem als wahr Erkannten Wahrheit verleiht, dem Ordentlichen Ordnung, dem Schönen Schönheit, dem Greifbaren Greifbarkeit. Wenn das zugegeben wird, so folgt daraus, daß dieses Absolute nicht unvollkommen, unvollständig und nur ein Teil ist. Es muß notwendigerweise über die beschränkte Augenscheinlichkeit unserer Wahrnehmungen hinausgehen, muß dem Unsichtbaren Licht geben und aus dem Harmonischen, das im Schweigen verstummt, tönende Musik erschaffen. So nötigt uns der Geist selber zur Anerkennung, daß wir in einer Welt intellektueller Ordnung, Schönheit und Harmonie sind. Das Wesentliche oder Absolute dieser Ideen vertreibt notwendigerweise deren Gegensätze: Unordnung, Häßlichkeit und Zwietracht. So sind Taubheit und Blindheit in der immateriellen Welt, die im philosophischen Sinne die wirkliche Welt ist, nicht vorhanden, sondern sind aus ihr ebenso verbannt wie die vergänglichen materiellen Sinne. Wirklichkeit, deren Symbole die sichtbaren Dinge sind, leuchtet vor meinem Geiste. Während ich mit unsicheren Schritten durch mein Zimmer gehe, schwebt mein Geist auf Adlerschwingen himmelwärts zu unauslöschlichen Bildern und blickt herab auf die Welt ewiger Schönheit.

Blind, taub und optimistisch
Vom Leben, Lernen und Wirken
der Helen Keller

Werner Pieper
Blind, taub und optimistisch
Vom Leben, Lernen und Wirken der Helen Keller

See me, touch me, feel me, heal me.
Tommy Volksmund

Im 19. Jahrhundert gab es nur zwei bemerkenswerte Charaktere: Napoleon und Helen Keller.
Mark Twain

Helen Keller wurde am 27. Juni 1880 in Tuscumbia, Alabama geboren. Sie war ein aufgewecktes Kind, schon im Alter von sechs Monaten konnte sie ein paar Worte sprechen. Ihre ersten Lebensmonate waren eine sehr sonnige Zeit, aber bald sollte das Dunkel über sie hereinbrechen.

Man hat nie erfahren, was für eine Krankheit es war, von der Helen Keller im Alter von 19 Monaten befallen wurde. Als das Fieber verschwand, ließ auch langsam ihre Sehkraft und kurz darauf ihr Gehör nach, bis sie im Laufe einiger Wochen blind und taub war. Es war dunkel, und es war still.

Im Laufe der Kindheitsjahre gewöhnte sich Helen ein paar einfache Zeichen als Kommunikationsmittel an: setzte sie eine Brille auf, bedeutete es »Vater«, knotete sie die Haare, hieß das »Mutter«. Fing sie an zu zittern und rührte wild mit den Händen, bedeutete das »Eiskrem«. Sie brachte es auf etwa 60 dieser Zeichen. Auch die Bedeutung von Schlüsseln wurde ihr früh klar. Sie machte sich einen Spaß daraus, Leute einzuschließen und die Schlüssel zu verstecken. Die Familie war mit diesem Kind überfordert. Zwar konnte sich die Mutter notdürftig mit Helen beschäftigen, aber Helen erinnerte sich später selber daran, daß sie in jener Zeit »ein wildes, destruktives kleines Tier« gewesen war. Sie suchte Kommunikation, tastete den Menschen gerne die sprechenden Lippen ab, aber sie war doch allein. Ihre wachsende Frustration äußerte sich in immer wilder werdenden Wutausbrüchen. Im Sommer 1886 wandten sich die hilflosen Eltern an Dr. Alexander Graham Bell, den Erfinder des Telefons, der sich um Blinde und Taube verdient gemacht hatte. Seine Mutter und seine Frau waren ebenfalls taub gewesen, und dies hatte ihn motiviert, sich vehement für behinderte Menschen einzu setzen. Nach eigenen Aussagen verstimmte es ihn, daß er nur wegen des Telefons berühmt geworden sei, da man damit Geld verdienen könne. Bell verwies die Kellers an den Direktor des Perkinschen Instituts in Boston, Herrn Anagnos, der in den kommenden Jahren zu einem Hauptbezugspunkt in Helens Leben werden sollte.

Durch Vermittlung von Anagnos kam Fräulein Anne Mansfield Sullivan am 3. März 1887 als Lehrerin in das Haus Keller. Eigentlich wurde sie Annie genannt, doch Helen gab ihr den Namen »Teacher«, also »Lehrerin«. Durch ihr Wirken trat der große Wendepunkt im Leben Helen Kellers ein. Teacher kam aus dem Norden, und das Leben in den Südstaaten war anfangs ein großer Schock für sie. Das Sklaventum und das Machogehabe der Südstaatler verabscheute sie, aber ihre Aufgabe war die Betreuung Helens, und diese Aufgabe erfüllte sie bald in einem Maß, daß alles andere in den Hintergrund trat. Schon bald erkannte Teacher, daß sie ihre Lebensaufgabe gefunden hatte. Helen erzählte später wie folgt von jener Zeit: »Der wichtigste Tag meines Lebens, an den ich mich erinnern kann, ist der, an dem Teacher zu mir kam. Ich kann kaum Worte finden, um den unermeßlichen Gegensatz in meinem Leben vor und nach ihrer Ankunft zu schildern... seit Monaten waren Zorn und Verbitterung unausgesetzt auf mich eingestürmt. Dieser verzweifelte Kampf hatte eine tiefe Ermattung in mir zurückgelassen.

Lieber Leser, hast du dich je bei einer Seefahrt in dichtem Nebel befunden, der dich wie eine greifbare, weiße Finsternis einzuschließen schien, während das große Schiff seinen Kurs längs der Küste mit Hilfe von Kompaß und Lotleine zagend und ängstlich verfolgt und du mit klopfendem Herzen irgendein Ereignis erwartest? Jenem Schiff glich ich vor Beginn meiner Erziehung, nur fehlten mir Kompaß und Lotleine, und ich hatte keine Ahnung davon, wie nahe der Hafen war. Licht! Gebt mir Licht! lautete der wortlose Schrei meiner Seele, und das Licht der Liebe erhellte bereits in dieser Stunde meinen Pfad. Ich fühlte sich nähernde Schritte. Ich streckte meine Hand aus, wie ich glaubte, meiner Mutter entgegen. Irgend jemand ergriff sie, ich wurde emporgehoben und fest in die Arme geschlossen, die Arme der Frau, die gekommen war, den Schleier, der mir die Welt verbarg, zu lüften und, was noch viel mehr bedeutete, mich zu lieben.« Für Helen war der 3. März 1887 der Geburtstag ihrer Seele.

Gleich am Morgen nach ihrer Ankunft begann Teacher mit der Erziehung. Sie hatte Helen eine kleine Puppe mitgebracht, und während das Kind mit ihr spielte, buchstabierte ihr Teacher das Wort »doll« (Puppe) per Fingeralphabet in die Hand. Dieses Fingerspiel interessierte Helen sofort, und ohne sich bewußt zu sein, was diese flinken Fingerbewegungen eigentlich bedeuteten, lernte sie bald, die ersten Begriffe zu »erfingern«. Nach einigen Wochen der Unterweisung wurde ihr dann klar, daß jedes Ding seine Bezeichnung hat.

Teacher wußte, daß es viel Disziplin auf beiden Seiten erfordern würde, damit Helen wirklich lernen konnte. Vor allem im Familienkreis und beim Essen versuchte sich Helen den konzentrierten und strengen Bemühungen Teachers zu entziehen, zumal auch die Eltern Keller für die plötzliche Strenge ihrem Kind gegenüber anfangs kaum Verständnis aufbrachten. Teacher setzte jedoch durch, daß sie mit Helen für einige Zeit separat in einem Gartenhäuschen wohnen durfte. Dort therapierte sie Helen streng, ja, man könnte sagen, sie zähmte sie, brach ihren störrischen Widerstand und legte in jenen Tagen unter großem persönlichen Einsatz, der bis zur zeitweiligen Selbstaufgabe ging, den Grundstein für den folgenden Lern- und Lebensweg, der für Helen Licht in ihr Dunkel brachte.

Nach einiger Zeit war Helen bereit, Zärtlichkeiten zu akzeptieren und Zusammenhänge zu verstehen. Sie lernte nähen und übte mit Teacher Gymnastik. Die beiden schliefen in einem Bett, und permanent erzählte und erklärte ihr Teacher per Fingeralphabet Dinge und Vorgänge.

Eines Tages verstand Helen. An einem Brunnen floß kühles Wasser über ihre Hand, während ihr Teacher »Wasser« in die andere buchstabierte. »Mit einem Male durchzuckte mich eine nebelhafte, verschwommene Erinnerung, ein Blitz des zurückliegenden Denkens, und das Geheimnis der Sprache lag plötzlich offen vor mir. Ich wußte jetzt, daß »Wasser« jenes wundervolle, kühle Etwas bedeutete, das über meine Hand strömte. Dieses lebendige Wort erweckte meine Seele zum Leben, spendete Licht, Hoffnung, Freude, befreite sie von ihren Fesseln. ... Ich verließ den Brunnen voller Lernbegier. Jedes Ding hatte eine Bezeichnung, und jede Bezeichnung erregte einen neuen Gedanken. Als wir zum Haus zurückkehrten, schien mir jeder Gegenstand von verhaltenem Leben zu zittern.« An jenem Tag lernte sie viele Worte: Mutter, Vater, Schwester, Teacher. Ihre

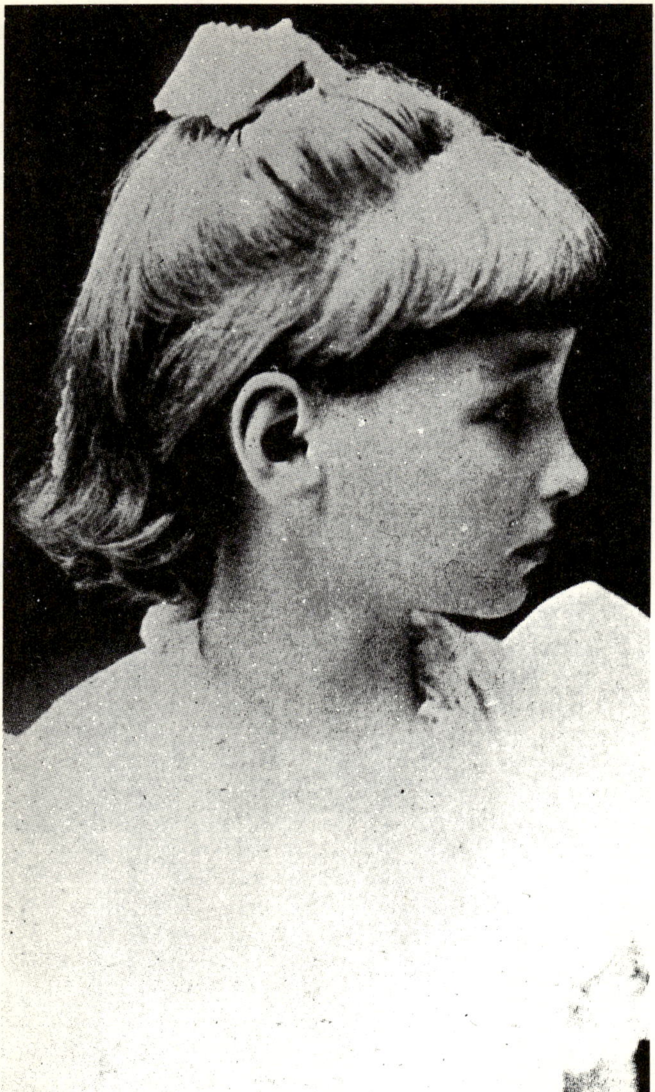

Helen Keller siebenjährig, kurz nach ihrem »Seelengeburtstag«.

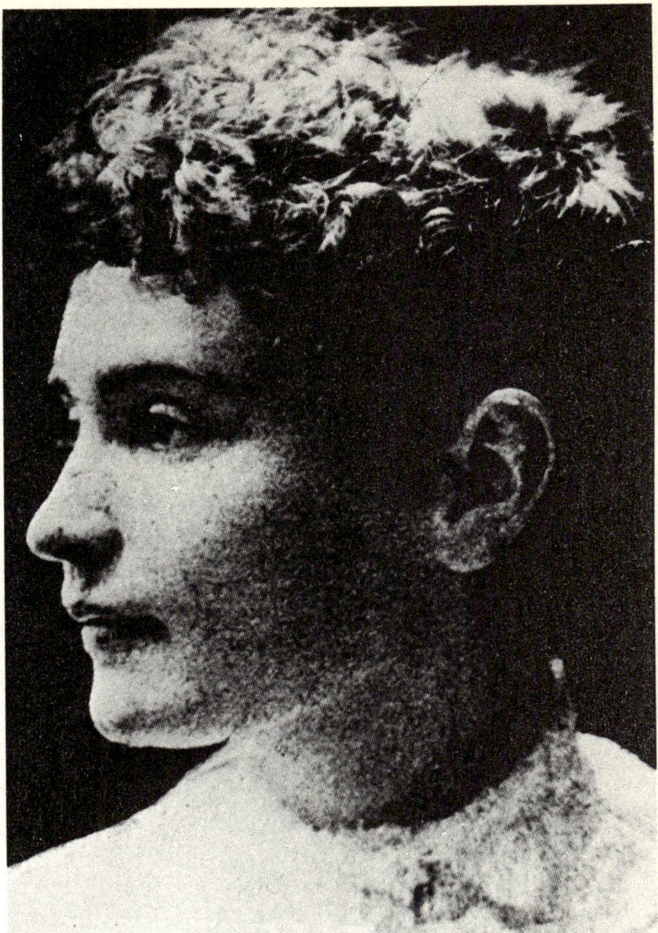

Annie »Teacher« Sullivan, ebenfalls 1887.

Welt erblühte, und zum ersten Mal ersehnte sie abends in ihrem Bette den anbrechenden Morgen.

Innerhalb weniger Wochen erlernte sie Hunderte von Wörtern, wobei es sicherlich eine große Hilfe war, daß auch ihre Mutter die Fingersprache erlernte und sie so eine weitere Gesprächspartnerin hatte. Helen und Teacher verbrachten viel Zeit in der Natur, und für Helen war es, als sei die Welt neu geschaffen worden. Abends hatte sie ihrer Mutter immer viel zu erzählen. Schwierigkeiten bereitete die Vermittlung von abstrakten Begriffen wie »Liebe« und »Denken«. Wort-Favoriten dagegen waren Verben, die sie gleich in die Tat umsetzen konnte: laufen, hüpfen, springen, klettern, rutschen.

Helen wurde mit der Zeit so nervös und flatterhaft, daß man einen Arzt rief. Dieser diagnostizierte, Helen sei überanstrengt. Später in ihrem Leben kam dies noch einige Male vor. Jedesmal hatte Teacher große Schuldzuweisungen abzuwehren. Wie sollte sie denn ihren Liebling in deren Wissensdurst zügeln? Selbst wenn Teacher sich weigerte, mit Helen zu arbeiten, blieb dies nicht untätig: sie führte Selbstgespräche in der Fingersprache. Glücklicherweise nahm ihre innere Unruhe jedoch nicht so schlimme Folgen an, daß der Arzt das damals in diesen Fällen übliche Mittel, nämlich Chloroform, einsetzte.

Der nächste Schritt in Helens Ausbildung war der Gebrauch von Papierstreifen, auf denen die Buchstaben im Prägedruck abgebildet waren. Diese Papierbuchstaben konnte sie zu Worten zusammensetzen und parallel dazu die entsprechenden Gegenstände beibringen oder Tätigkeiten ausführen. Folgerichtig bekam sie bald darauf ihre ersten Bücher im Prägedruck. Dort machte sie dann mit ihren Fingern Jagd auf Worte, die sie noch nicht kannte. Dies war ihre Art des Versteckspielens, so lernte sie lesen.

Helens Bewußtsein war erwacht, und ihr Wissensdurst trieb sie schon frühmorgens aus dem Bett. Vor Tagesanbruch stahl sie sich in den Garten, um die Rosen zu berühren, die Tautropfen von den Gräsern zu streicheln oder den anmutigen Bewegungen der Lilien im Winde zu folgen. Sie verspürte das leise Geräusch von Insektenflügeln, die von gepflückten Blumen davonsurrten, und sammelte voller Freude das Obst im Garten. Ihr Lieblingspaziergang führte zu einer alten, verfallenen Hafenanlage. Dort baute sie Dämme aus Kiesel, legte Inseln und Seen an, grub Flußläufe. Schilderungen von der großen weiten Welt draußen, mit feuerspeienden Bergen und vielen anderen seltsamen Dingen, erfüllten sie mit Erstaunen und Neugier. Genauso fasziniert war sie vom Unterricht in Zoologie und Botanik, nur mit der Wissenschaft der Zahlen wußte sie nichts anzufangen.

Schon nach den ersten Monaten bei Kellers war es Annie Sullivan klar, daß sie hier ihre Lebensaufgabe gefunden hatte. In einem Brief teilte sie einer Freundin mit: »Etwas in mir sagt mir, daß ich erfolgreich sein werde, wie ich es mir noch nicht erträumen kann... Ich weiß, daß Helen erstaunliche Kräfte hat, und ich glaube, daß ich diese freisetzen und entwickeln kann... Ich kann nicht erklären, woher ich es weiß, bis vor kurzem wußte ich nicht, daß es überhaupt machbar ist. Aber irgendwie weiß ich es jetzt, und ich weiß, daß ich es weiß... Wenn Probleme auftauchen, werfen sie mich nicht in Zweifel, ich weiß einfach, wie ich mit ihnen fertig werde. Ich scheine Helens spezielle Grundbedürfnisse zu erahnen. Es ist wundervoll.« Ähnlich formulierte es Helen später: »Als meine Lehrerin kam, atmete alles um mich her Liebe und Freude und gewann eine Fülle von Bedeutung. Seitdem hat sie keine einzige Gelegenheit vorübergehen lassen, ohne mich auf die in allem waltende Schönheit aufmerksam zu machen... Wieviel von meiner Freude an allem Schönen mir angeboren, wieviel ich ihrem Einfluß verdanke, werde ich wohl nie anzugeben vermögen. Ich fühle, ihr Wesen ist untrennbar von dem meinigen... Alles Gute an mir ist ihr Werk – es gibt keine Fähigkeit, kein Streben, keine Freude in mir, die sie nicht durch ihre liebevolle Berührung zum Leben erweckt hätte.«

Schreiben lernte sie mit Hilfe hölzerner Buchstabenschablonen. Ihren ersten Brief schrieb sie von einer Reise mit ihrem Vater an ihre Mutter. Die Sätze sind noch abgehackt: »... Schaffner knipste Karten Papa gab Helen Wasser zu trinken Helen wird umarmen und küssen Mutter Helen wird heimkommen und Mutter liebt Helen Good-by«

Briefe wurden zu ihrer großen Inspirationsquelle. Innerhalb weniger Wochen verbesserte sie ihren Wortschatz und Schreibstil immens. Sie schrieb an für sie bislang unbekannte Menschen, wie z.B. Herrn Anagnos, der von ihrer Entwicklung überwältigt war und es sich nicht verkneifen konnte, einige der Briefe zu publizieren; zum erstenmal erfuhr die Öffentlichkeit von Helen Keller.

Das Weihnachtsfest 1887 war für die Familie Keller ein wahrhaftes Lichtfest. Spätestens zu diesem Zeitpunkt war es Helens Eltern

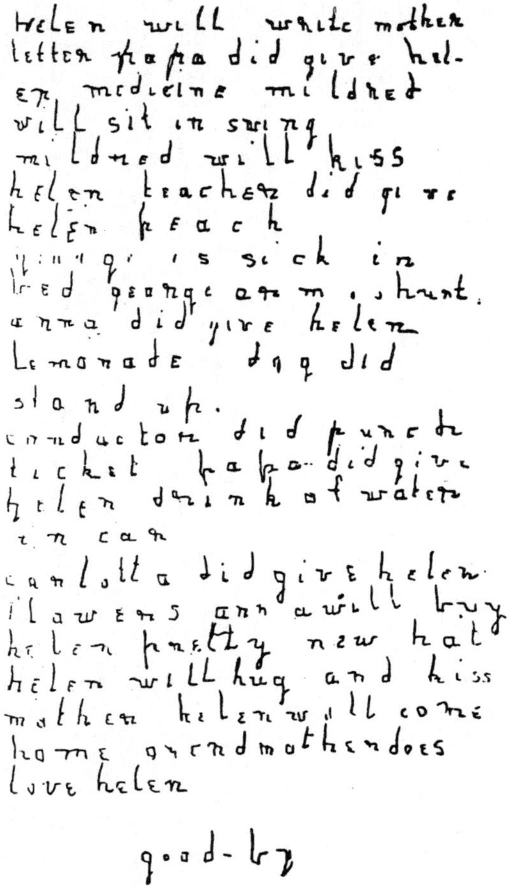
helen will write mother
letter papa did give hel-
en medicine mildred
will sit in swing
mildred will kiss
helen teacher did give
helen peach
george is sick in
bed george arm is hurt.
anna did give helen
lemonade dog did
stand up.
conductor did punch
ticket papa did give
helen drink of water
in car
carlotta did give helen
flowers anna will buy
helen pretty new hat
helen will hug and kiss
mother helen will come
home grandmother does
love helen

good-by

klar, daß die Verpflichtung von Annie Sullivan eine wahrhafte Segnung für ihre Tochter und die ganze Familie bedeutete.

Helens große Weihnachtsfreude war der Kanarienvogel, den sie geschenkt bekam. Ihre Seligkeit kannte keine Grenzen. »Der kleine Jim« hüpfte auf ihre Hand und pickte ihr Kirschen aus den Fingern. Jeden Morgen zum Frühstück badete sie ihn, reinigte seinen Käfig, gab ihm frisches Futter, füllte sein Trinknäpfchen und beschäftigte sich mit ihm — bis sie eines Tages sie Käfigtür offen stehen ließ, als sie Wasser für ihn holte. Sie bemerkte, daß bei ihrer Wiederkehr eine Katze aus dem Zimmer huschte, aber erst als sie in den Käfig faßte und Jim ihr nicht auf die Hand flatterte, wurde ihr klar, daß sie ihren Freund nie mehr wiederfühlen, ja, in ihren Worten »wiedersehen« würde.

Zur Jahreswende 87/88 schrieb Anagnos den Jahresreport seines Blindeninstituts, in dem es vorrangig um Helen und Teacher ging. In der Tat war es dieser Report, der die beiden bekannt machte. Kein Wort der Lobpreisung über Helens Entwicklung ließ er aus. Teacher bezeichnete er als Wunderwirkerin, aber dieser waren solche Komplimente eher peinlich. Sie hatte mehr als genug damit zu tun, Helens Ausdrucksweise zu verbessern. Hatte sie Durst, fingerte Helen einfach »Helen Milch«. Annie gab sie ihr, ließ sie aber erst trinken, wenn sie die richtige Formulierung »Gib Helen etwas Milch zu trinken« gefunden hatte.

Helen fing an, ein Tagebuch zu führen und schrieb weiterhin Briefe. Alexander Bell, dem sie so viel verdankte, gab einen dieser Briefe mit einem Foto von ihr an die Zeitungen weiter, und die Popularität Helens wuchs erneut. Natürlich war kein Reporter mit den bloßen Fakten zufrieden, viele Zeitungsberichte bauschten die Geschichte »pressemäßig« auf, und die eingehende Post war entsprechend. Helen tangierte das nicht.

Eine Zugfahrt nach Boston im Mai 1888 war ihr nächstes großes Abenteuer. Der Empfang bei Präsident Cleveland im Weißen Haus bedeutete ihr allerdings nicht so viel wie der Besuch im Blindeninstitut in Boston. Plötzlich war sie in der Lage, mit fast allen Menschen in ihrer unmittelbaren Umgebung zu kommunizieren, während dies daheim doch ziemlich auf Teacher und ihre Mutter beschränkt war.

»Wie froh war ich, mich mit anderen Kindern in meiner Sprache zu unterhalten! Bis dahin war ich wie eine Ausländerin gewesen, die durch die Vermittlung einer Dolmetscherin spricht... Ich befand mich endlich in meinem Heimatland. Es kostete mich einige Zeit, ehe mir die Tatsache, daß meine neuen Freunde blind waren, klar wurde. Ich konnte nicht sehen; aber es schien mir unmöglich, daß all die munteren, liebenswürdigen Kinder, die um mich herumtollten und von Herzen in meine Fröhlichkeit einstimmten, gleichfalls blind sein sollten...« Nach einem Tag in Boston fühlte sie sich inmitten ihrer neuen Freunde wie zu Hause. Das Institut und die Stadt erschienen ihr wie der Anfang und das Ende der Welt.

Es folgten Ausflüge aufs Land und Helens erste Bekanntschaft mit dem Meer. Sie hatte vom Ozean gelesen und war voller sehnsüchtigem Verlangen, die gewaltige See zu befühlen und ihr Toben zu spüren. »Kaum war ich in mein Badekostüm geschlüpft, als ich auf den warmen Sand hinaussprang und ohne die geringste Furcht ins kühle Wasser tauchte. Ich fühlte, wie die mächtigen Wogen sich abwechsend hoben und senkten. Die schaukelnden Bewegungen des Wassers erfüllten mich mit lebhafter Freude. Mit einem Mal jedoch wich mein Entzücken einem namenlosen Entsetzen!« Sie war ins Stolpern gekommen und griff vergebens nach einer Stütze, während die Wellen über ihr zusammenschlugen. Sie hatte buchstäblich den Boden unter den Füßen verloren und war hilflos den Naturgewalten ausgeliefert. Plötzlich war sie vom Leben, von Luft, Wärme und Liebe ausgeschlossen. Der Schock war gewaltig. Endlich wieder in den sicheren Armen Teachers, war ihre erste Frage dann allerdings doch wieder: »Wer hat denn das Salz in das Wasser geschüttet?« Der Aufenthalt am Strand wurde in der Folgezeit eine ihrer ganz großen Freuden. Wie sie es liebte, wenn das Wasser ihr den Sand unter den Füßen fortspülte! Welche Faszination übten Gischtspritzer auf den Klippen, das Toben und Brüllen des Meeres auf sie aus!

Sprachen waren ein weiteres Gebiet, dem ihre Aufmerksamkeit gehörte. In Boston erfuhr sie verwundert, daß es eine »tote Sprache« gab, Latein. Innerhalb weniger Minuten konnte sie acht lateinische Wörter und wünschte sich, mehr davon zu lernen. Von einem Notenblatt im Blindeninstitut lernte sie ihre ersten deutschen Worte aus einem Bach'schen Choral: »Wie schön leuchtet!« Der Aufenthalt in Boston wurde verlängert, und so nahm sie ihre ersten Französischstunden.

Aus Norwegen kam die Kunde von einem blinden, taubstummen Mädchen, das es gelernt hatte, zu sprechen. Natürlich gab Helen, nachdem sie hiervon erfahren hatte, keine Ruhe mehr, bevor sie nicht auch entsprechenden Unterricht bekam. Ein Fräulein Fuller verfuhr folgendermaßen mit ihr: sie legte Helens Hand auf ihr eigenes Gesicht, um sie die Stellung der Zunge und der Lippen fühlen zu lassen, wenn diese einen Ton hervorbrachten. Innerhalb einer Stunde konnte Helen schon mehrere Sprachelemente unterscheiden und verstehen: m-p-a-s-t-i.

Das Sprachstudium war nicht leicht, oft brauchte sie Stunden, um bestimmte Wort oder Sätze zufriedenstellend herauszubringen.

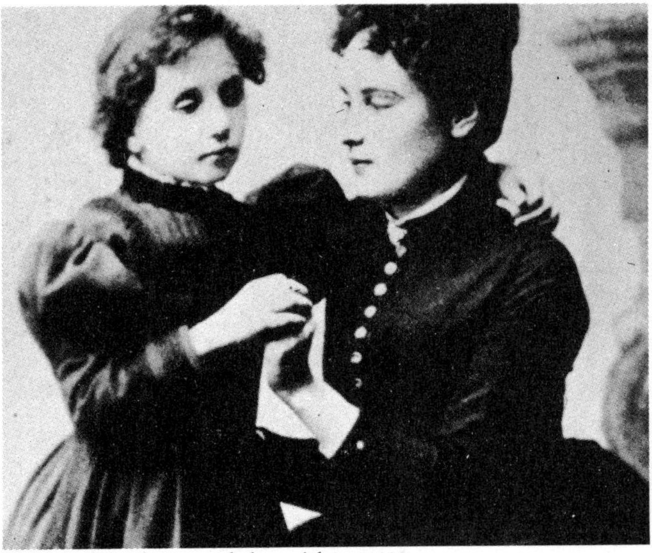
Helen und Teacher ›unterhalten‹ sich, ca. 1890.

Aber der Gedanke, daß ihre kleine Schwester sie bald verstehen könnte, ließ sie üben, üben und nochmals üben. Voller Eifer sprach sie mit ihren Spielzeugen, zu Bäumen und Steinen, Vögeln und Tieren. Endlich war sie nicht mehr allein auf das Fingeralphabet angewiesen. Sie lernte, mit ihren Fingern von den Lippen sprechender Menschen zu lesen.

Als Teacher und Helen wieder daheim in Alabama waren, verspürten sie erneut den Ruf der Welt. Bergeweise kamen Briefe, die Helen alle beantworten wollte, obwohl es manchmal über Teachers Kraft ging. Aber ihre Einwände, daß dies doch Briefe von lauter fremden Menschen seien, halfen nicht.

Helen belehrte sie, daß dies alles Briefe von Freunden seien, nämlich von Menschen, die an sie denken und ihr schreiben würden.

Zwischenzeitlich hatten Teachers Augenbeschwerden in einem Maße zugenommen, daß sie sich doch zu einer Operation entschloß. Dreieinhalb Monate war Teacher fort; bis zu ihrem Lebensende 1936 gab es nur noch zwei Gründe, sich jeweils für ein paar Tage voneinander zu trennen.

Im folgenden sollte es noch ein paar Ereignisse geben, die etwas Schatten auf Helen und auch Teacher warfen. Zum einen war inzwischen ein Republikaner Präsident geworden, und in der Folge schrumpften die Einkünfte von Helens Vater, so daß die Finanzierung ihrer Ausbildung (inkl. Teachers 25 Dollar pro Monat) ein Problem wurde. Zum anderen hatte Helen ihrem Freund und Mentor Anagnos eine Geschichte geschrieben, die er im folgenden Jahrbuch publizierte: »Der Frost-König«. Es wurde nie völlig geklärt, wie sie zu dieser Geschichte inspiriert wurde. Fakt war jedoch, daß bald entdeckt wurde, daß es eine sehr ähnliche Geschichte schon gab und daß sogar einige Sätze in beiden identisch waren. Sie konnte sich dies nicht erklären. Die Autorin der Originalgeschichte gab sich kulant, aber Helen hatte Neider, und die stürzten sich auf diesen Vorfall, der für sie der Beweis des »großen Helen-Keller-Schwindels« war. In der Tat kam es ab und an vor, daß bestimmte Sätze, die Helen schrieb, nachweislich vorher von anderen geschrieben worden waren. Aber man darf nicht vergessen, daß Helen nie wie wir sprechen gelernt hatte, sondern einen Großteil ihres Wissens aus Büchern bezogen hatte, die sie heiß und innig liebte. So ist auch ihre teilweise schwülstige, aufgesetzte Sprache zu erklären, die einem heute, also 100 Jahre später, häufig sehr eigen vorkommt. Sie als Plagiatorin hinzustellen, war entweder Unwissenheit oder Boshaftigkeit. Zu ihrer Verteidigung schrieb ihr großer Bewunderer Mark Twain seine Ansicht über Plagiate. Er habe einmal ein Buch gelesen und unbewußt 18 Monate später in einem seiner Bücher dieselbe Widmung gebraucht. Als er den Autor des Originals Jahre später daraufhin ansprach: »Ich weiß, daß ich das von Ihnen geklaut habe, Dr. Holmes, aber wo haben sie das her?«, erwiderte jener: »Ich kann mich nicht erinnern. Ich weiß nur, daß auch ich es gestohlen habe, denn ich selber habe niemals etwas Eigenes hervorgebracht, auch habe ich nie jemanden getroffen, der das von sich behaupten könnte.« Die Originalautorin des »Frost-Königs« verfaßte sogar ein Liebesgedicht an Helen, aber der arme Herr Anagnos fühlte sich irgendwie hintergangen und brach die Beziehungen zu seinen ehemals besten Freundinnen, die ihm ja ihre Bekanntschaft und Partnerschaft verdankten, ab.

Im Januar 1892 erschien nichtsdestotrotz ihre erste »richtige« Geschichte in einer Zeitung: »My Story«. Diese brachte ihr etliche Komplimente ein und war der erste Schritt zu ihrer Karriere als Schriftstellerin. Inzwischen sorgten Freunde wie John Spaulding und Graham Bell für ihren und Teachers Unterhalt. Die Reisen nahmen zu, und im Sommer '93 besuchte sie in Begleitung Dr. Bells die Weltausstellung in Chicago. Es war für sie wie ein lebendig gewordenes 1001 Nacht. Kein Mißklang störte die Freude jener Tage, berichtet sie; tausend kindliche Wünsche erwachten zu schöner Wirklichkeit. »Jeden Tag machte ich eine Reise um die Welt und sah unzählige Wunderwerke aus den entlegensten Teilen der Erde – staunenswerte Erfindungen, Schätze der Industrie, der Geschicklichkeit und aller Tätigkeiten des menschlichen Lebens – tatsächlich unter meinen Fingerspitzen vorübergleiten.« Sie tastete sich durch Indien mit seinen Basaren, Schiwas und Elefantengöttern; durch Ägypten mit seinen Pyramiden und Moscheen; auf den Lagunen von Venedig fuhr sie Gondel; auf einer Werft besuchte sie ein Wikingerschiff – es war ein Staunen ohne Ende. Sie hatte eine Sondererlaubnis des Chefs der Weltausstellung, alle Exponate berühren zu dürfen, und so ertastete sie mit ihren Händen die Schätze Perus, die Pizzaro erbeutet hatte, Telefone, Photografen und andere neue technische Errungenschaften, die ihr erklärt wurden. Besonders liebte sie französische Bronzeskulpturen. Bei einer späteren Parisreise durfte sie Statuten von Rodin ertasten und erfühlen: »Sie waren so voller Leben, daß ich glaubte, es seien himmlische Visionen, die der Künstler aufgefangen und in irdische Formen gebannt hatte...« Die Mumien der Weltausstellung fesselten sie zwar, aber vor einer Berührung schreckte sie doch zurück. Insgesamt machte sie aber während der drei Wochen auf der Weltausstellung einen mächtigen Entwicklungssprung, sie entwickelte in allen Belangen große Fortschritte, ja, man könnte sagen, daß sie in jenen Tagen den Schritt aus der Welt kindlichen Interesses mit Märchen und Spielzeugen hin zu der realistischen Wertschätzung der Erwachsenenwelt vollzog. Für sie war es eine wirkliche »Weltausstellung«, und sie wollte mehr von der Welt kennenlernen.

In Boston hatte sie Unterricht in Latein und Französisch gehabt, 1894 besuchte sie die Schule für Taubstumme in New York und lernte dort recht schnell Deutsch. Zum Jahresende konnte sie gar den »Wilhelm Tell« lesen. Allerdings haperte es mit dem Sprechen und dem Fingerlesen der Lippen. Völlig desinteressiert zeigte sie sich an Mathematik.

Die Schule war für Helen anstrengend, da ihr nur wenige Bücher in Brailleschrift zur Verfügung standen und sie das meiste von den Lippen der Lehrer oder aus Teachers Hand lesen mußte. Trotzdem rekapitulierte sie lateinische Grammatik und las mehrere Kapitel aus Cäsars »Gallischem Krieg«. Die deutsche Lektüre: Schillers »Glocke«, Heines »Harzreise«, »Minna von Barnhelm«, Anschnitte aus Goethes »Dichtung und Wahrheit« und Riehls »Fluch der Schönheit«. Besonders die Naturbeschreibungen der »Harzreise« hatten es ihr angetan. Im Juli 1897 legte sie in neun Fächern ihr Examen ab, in Deutsch und Englisch gar mit Auszeichnungen.

Während der Schulzeit kam es zu einem folgenschweren Eklat. Ihr damaliger Lehrer, Mr. Gilman, war sich nicht über Teachers Rolle im Klaren. Er meinte, sie würde Helen überfordern und forderte sie auf, das Schulgelände zu verlassen. Helen war völlig außer sich. Sie konnte nicht mehr schlafen noch klare Gedanken fassen. Selbst die Anwesenheit ihrer Schwester Mildred konnte ihr Teacher nicht ersetzen. Schnell verschickte Hilferufe an alle Freunde und ihre Mutter brachten nach ein paar Tagen die Wende. Niemand konnte Gilmans Schritte nachvollziehen, und so verließen die Keller-Schwestern die Schule, um Privatunterricht zu bekommen, da es ja galt, die Collegereife zu erlangen. Helen litt noch monatelang unter dem Schock dieser erzwungenen Trennung, und es dauerte auch eine ganze Weile, bis Teachers Spontanität wieder die alte war. In der Folgezeit zeigte Annie Rückfälle in ihre »dunklen Tage«, die für Helen unerklärlich waren. Erst viele Jahre später (etwa 1930) erzählte ihr Teacher aus ihrer Jugend: als Kind bettelarmer irischer Einwanderer war sie schon als Kind im Armenhaus gelandet und hatte dort unter Huren und Krüppeln ihre Jugend verbracht. Sie konnte sich durchsetzen und wurde auf eine Blindenschule geschickt, da sie schon frühzeitig Sehstörungen hatte. Im Perkins Blindeninstitut absolvierte sie dann einen Schulabschluß, kurz bevor sie zu den Kellers geschickt wurde.

Kurz vor der Jahrhundertwende fing Helen an, sich auch für Politik und soziale Probleme zu interessieren, was ihr im Laufe ihres Lebens noch viele Feindschaften, aber auch viel Bewunderung einbringen sollte. Die damalige Situation in Kuba, die Unterdrückung der Schwarzen in Amerika und Afrika, der Panamaskandal — all dies erregte ihren Zorn. In einem Zeitungsinterview setzte sie sich für die Rechte der Filipinos ein. Sie erklärte, Pazifistin zu sein. Sie forderte immer wieder, daß sich Amerika aus den Belangen anderer Länder heraushalten solle, sah aber gleichzeitig, daß Amerika doch den unterentwickelten Ländern uneigennützig helfen sollte, sich zu

Helen und Teacher ca. 1900.

befreien und aktiv für Entwicklungshilfe zu sorgen, da »diese zurückgebliebenen Völker es nicht aus eigenen Kraft schaffen.«

Teachers Gesundheitszustand verschlimmerte sich, sie hatte zunehmend Schwierigkeiten mit ihren Augen. Zudem erkannte sie, daß sie mit ihrer Rolle als Lehrerin Helens einen kritischen Punkt erreicht hatte. Es zeigte sich, daß sie ihrer Schülerin intellektuell kaum mehr zu folgen vermochte, sie von der Lehrerin zur Partnerin wurde.

Für Helen dagegen verwirklichte sich im September des Jahres 1900 ein Traum: sie wurde als Studentin an der Radcliff Universität immatrikuliert. Radcliff war eine konservativ ausgerichtete Uni. Zudem war es zu jener Zeit noch ungewöhnlich, daß Frauen studierten. »Spaß ist kein Wort, das von einer jungen Dame benutzt werden sollte«, hieß eine der Maximen des Hauses. Diese Probleme bewegten Helen wenig, galt sie selber doch allemal als humorlos. Sie war jedoch überglücklich, endlich wieder einen gewaltigen Schritt in ihrer Entwicklung vorangemacht zu haben. Die Verständigung mit den sehenden Kommilitoninnen hatte zwar spürbare Grenzen, aber Helen ließ sich nicht beirren. Selbst im Sport versuchte sie Ungewöhnliches: sie schwamm sehr gern (an einer Führungsleine) und radelte gerne längere Strecken auf dem Tandem, auch spielte sie sehr gut Schach. Allerdings ist sie von der Universität als solcher enttäuscht, hatte sie sich doch mehr davon versprochen: »Das College ist nicht das universale Athen, für das ich es gehalten hatte. Man tritt hier nicht den großen, weisen Männern Auge in Auge gegenüber, man fühlt nicht ihren belebenden Hauch. Zwar sind sie gegenwärtig, aber sie scheinen mumifiziert zu sein...«

Sie wurde häufig von Selbstzweifeln befallen und kam sich oft vor wie ein »überflüssiges Stück Leben«. »Ich bin niemand, habe auch keine Karriere zu erwarten! Oh der Terror und die Angst, mit denen ich mein Leben hinterfrage!« Getreu des Zitats ihres literarischen Lieblings Goethe stürzte sie vom himmelhoch Jauchzenden ins zu Tode Betrübte, wenngleich auch die Jauchzer überwogen. »Nichts gewährt mir größeres Vergnügen, als meine Freunde, die mich besuchen, auf den Fluß hinauszurudern. Selbstverständlich kann ich das Boot nicht gut allein steuern. In der Regel sitzt jemand am Steuer, während ich rudere ... ich merke am Widerstand des Wassers, wann sich die Ruder im Gleichgewicht befinden. So kann ich auch erkennen, wenn ich gegen den Strom rudere. Ich liebe den Kampf mit Wind und Wellen ... ebenso liebe ich das Kanufahren. Ich glaube, der Leser wird lächeln, wenn ich erkläre, daß ich es namentlich in mondhellen Nächten liebe. Zwar kann ich den Mond nicht hinter den Fichten am Himmel emporsteigen und leise am klaren Firmament hingleiten sehen und auch nicht den leuchtenden Pfad, den sein Licht im Wasser bildet; aber ich weiß, Frau Luna ist da, und wenn ich auf mein Kissen zurückgelehnt liege und meine Hand ins Wasser hängen lasse, stelle ich mir vor, sie berühre mich im Vorbeischreiten mit dem Saum ihres Gewandes...«

Einer ihrer Förderer und Freunde, der deutschsprachige Mr. Hitz, hatte sie mit den Lehren Swedenborgs bekannt gemacht. Für Helen war es einleuchtend, daß allein die Wahl zwischen Gut und Böse unsere Existenz rechtfertige, während sie gegenüber jenen, die andere verurteilten, keine freundlichen Worte fand. Die spanischen Inquisatoren oder Chromwells Haltung gegenüber den Iren verabscheute sie. Die gleiche Abscheu empfand sie gegenüber Chauvinisten. »Was soll das, Frauen ihren Körper pflegen, ihren Geist aber verkümmern zu lassen?« Sie unterstützte Unterdrückte überall, also auch die Frauen, die zu jener Zeit erste Schritte zur Gleichberechtigung gingen:

»Die Unbeständigkeit liegt nicht in der Frau und in ihrem Verhalten gegenüber ihren klaren Pflichten, sondern in ihren Verhältnissen und bei einigen ihrer Kritiker. Sie kann einen Korb an den Arm nehmen und vernünftig mit einem Händler an der Straßenecke handeln, aber sie kann das Problem der Verstaatlichung der Eisenbahnen nicht verstehen, welche die Nahrungsmittel zum Laden des Händlers gebracht haben. Sie versteht es, ein gutes Stück Fleisch auszuwählen, aber der Zentralfleischmarkt darf ihrer Nachforschung nicht geöffnet werden; ein Kongreßkomitee, welches sie nicht wählte, tut ganz seine Pflicht als Hausvater, wenn es ausfindig zu machen sucht, wem die Großschlächtereien in Chicago gehören, wieviel Geld deren Eigentümer an ihrer Mahlzeit verdienen und warum Tausende von Tonnen Fleisch aus dem Lande verschifft werden, während ihre Familie hungrig ist.

Sie öffnet eine Konservendose, deren Inhalt durch wertlose oder ungesunde Zutaten verfälscht ist. In einer entfernten Stadt baut sich ein Mann einen Palast, mit dem Gewinn aus vielen solcher Konservenbüchsen. Wenn ein gewöhnlicher Dieb in ihre Speisekammer einbrechen würde und sie griffe ihn mit Zähnen und Nägel an, so würde man ihr wegen ihres Muts und ihrer Tapferkeit Beifall klatschen. Aber wenn ein millionen-reicher Fabrikant, tausend Meilen entfernt, sie auf dem friedlichen Wege des Handels beraubt, so hat sie nichts zu sagen, weil sie nichts vom Geschäft versteht und sie sich nicht in Politik mischen soll.

Die alte ›häusliche Sphäre‹ der Frau ist nicht nur eine leere Schale geworden, aus welcher ein großer Teil ihres Inhalts entfernt ist, sondern auch eine zerbrechliche Schale, in der sie nicht sicher ist. An ihrem eigenen Herde kann sie vergiftet, ausgehungert und beraubt werden. Wann werden wir die Tyrannei überstanden haben, ...«

Aus verständlichen Gründen heraus interessierte sie sich stark für Möglichkeiten inneren Wachstums des Menschen, nur ein zentrales Bedürfnis des Menschen scheint sie nie tangiert zu haben, die Sexualität. Es sind Anfragen von freudianischen Psychiatern gefunden worden, die sie direkt hierauf ansprachen, aber sie blieben unbeantwortet. Als Alexander Bell ihr eines Tages väterlich den guten Tip gab, die Sinne für einen Ehemann offenzuhalten, da weder ihre Mutter noch Teacher ihr ganzes Leben für sie da sein würden, war ihr das Thema sichtlich peinlich. »Manchmal denke ich an Liebe«, gab Helen Mr. Bell gegenüber zu, »aber sie erscheint wie eine wunderbare Blume, die ich nicht anfassen möchte, obwohl ihr Duft den Garten zu einem Ort der Freude macht.«

»Im überirdischen Reich der Philosophie gewann ich eine heitere, versöhnlichere Ansicht über meine Lage. Ich begriff die Wahrheit des Kant'schen Satzes, daß Erfahrungen ohne Begriffe unfruchtbar und Begriffe ohne Erfahrungen leer sind... eine neue Befruchtung für meinen Lebensgarten brachte mir Kants Ausführung, daß Zeit und Raum nicht fest unveränderliche Elemente seien, sondern wandelbare Erfahrungsfaktoren.« Kant und Emerson gehörten zu den Hauptinspirationen für ihre Bücher »Optimismus« und »Meine Welt«. Emerson öffnete ihr die Augen für die Romantik in Kants abstrakten Gedanken, und dadurch wurde es ihr später leichter, Swedenborgs Abhandlungen über Zeit und Raum zu begreifen. Es bildete sich ein Freundeskreis, in dem sie sich sehr wohl fühlte. Märsche über 15 Kilometer oder 60 Kilometer lange Fahrten mit dem Tandem gehörten zu ihren großen Vergnügungen. Man saß am offenen Feuer, trank Apfelwein und diskutierte über Gesellschaftsordnung, Philosophie, Religion und Literatur. »Wir zerrissen alles in Fetzen!« Es war ein kleiner, auserlesener, leidenschaftlich freiheitlich gesinnter Zirkel. »Wir glaubten an den Aufstieg der Menge, an Frieden, Brüderlichkeit, und das Recht jedermanns auf Sonne und Freude. Jeder von uns hatte ein Ideal, um welches seine Theorien kreisten wie die Planeten um die Sonne. Diese Vorbilder hatten bekannte Namen: Nietzsche, Schopenhauer, Karl Marx, Lincoln, Tolstoi und Max Stirner; wir lasen Shelley, Whitman und Swinburn.« Sie hatten das Gefühl, eine Gruppe geistiger Pioniere zu sein, die über ihre materialistische Umwelt hinausgewachsen waren.

Sie beendete ihre Collegezeit 1904 mit einem erfolgreichen Abschluß und einer Auszeichnung in Englisch.

Durch die Erbschaft eines verstorbenen Bewunderers waren Helen und Teacher 1904 in der Lage, sich ein kleines Anwesen in Wrentham zu kaufen; ein ruhiges Haus mit einem angrenzenden Garten und Park. Helen: »Ein vernachlässigtes Grundstück von sieben Morgen.« Von ihrem Zimmer aus konnte sie selbständig und allein in den Garten gehen, wenn sie wollte, und fühlte sich entsprechend wohl. Sie umgab sich mit Tieren. Hunde waren schon immer gute Freunde gewesen, nun kam auch noch ein Pferd hinzu. Die Hühner gaben sie nach einer Weile wieder ab. Helen hatte immer mit großer Freude die Küken gefüttert, sie liebte diese Tätigkeit. Die Freude fand jedoch ein abruptes Ende, als sie von einem Nachbarn aufgeklärt wurde, daß ihre Küken zu überfüttert und daher nicht lange lebensfähig seien. Als ein weiterer Quell der Freude entpuppte sich 100 Apfenbäume, die Helen und Teacher kauften und in ihrem Garten einpflanzten. Aus den dreijährigen Setzlingen wurden im fünften Jahr üppig tragende Bäume. Voller Entzücken ertastete Helen täglich die reifende Pracht — bis ihre Plantage eines Tages Besuch bekam. Eine Rehfamilie schaute herein und knabberte genüßlich an den süßen Früchten. Ein Bock mit edlem Geweih, die Zicke und drei Kitze labten sich mit solcher Inbrunst, daß Teacher und Helen atemlos dem Schauspiel im glühenden Abendrot zusahen und lauschten, ohne einzugreifen. Die beiden waren dermaßen fasziniert davon, wie die Tiere mit ihren scharfen Zähnen die Rinde von den Stämmen fetzten, daß sie sich als wahre Tierfreunde zeigten und ihre eigene Freude an deren Schmaus hatten. Wildschäden waren in jenem Jahr eine Landplage, und der Staat zahlte den Bauern Unsummen als Entschädigung. Auf dem Anwesen in Wrentham verzichtete man auf solches Geld. Die Äpfel waren ein Geschenk für die Rehe, die Bäume überlebten den Vorfall allerdings nicht.

Noch während ihrer Collegezeit hatte Helen auf Anraten von Freundinnen angefangen, Geschichten aus ihrem Leben aufzuschreiben. Dann wurden ihr von einer Zeitschrift 3 000 Dollar für fünf Fortsetzungen ihrer Lebensgeschichte angeboten. Das war mehr Geld, als sie sich vorstellen konnte. Ein Verleger war daran interessiert, aus diesen Geschichten ein Buch zu machen. In dieser Situation kam John Macy als Lektor und Berater. Er half bei der Erstellung des Buches, gab Ratschläge sprachlicher Art, verhandelte mit Verlegern und stellte sich dabei nicht nur geschickt an, sondern eroberte die Herzen der beiden Frauen. »Die Geschichte meines Lebens« erschien 1902 und wurde gemeinsam mit »Kim« von Rudyard Kipling zum »Buch des Jahres« erkoren.

Das Buch entstand in Zusammenarbeit mit Helen, John und Teacher. Von der Lehrerin waren alte Briefe, in denen sie Freunden über die Entwicklung Helens berichtete, beigefügt worden, John Macy hatte ein Kapitel über Helens Ausbildung geschrieben. Das Buch wurde kein Renner, aber das Geld, das es hereinbrachte, ermöglichte es Teacher und Helen zum erstenmal, etwas luxuriöser zu leben. Vor allem Teacher liebte es, sich gut zu kleiden und Reisen zu unternehmen, ohne daß die beiden extravagant oder protzig gelebt hätten. So war es auch nicht das selbstverdiente Geld, das die nächste große Entwicklung in ihre Beziehung brachte, sondern die Beziehung zwischen Annie und John Macy. Obwohl er zehn Jahre jünger als Annie war und altersmäßig eher zu Helen gepaßt hätte, die ihn auch sehr mochte und verehrte, heiratete er Annie am 2. Mai 1905.

Helen gab ihrer herzlichen Freude über diese Hochzeit Ausdruck, obwohl Außenstehende meinten, sie müsse doch eifersüchtig und unglücklich über diese Verbindung sein. Sie wies darauf hin, daß es nun zwei Menschen gäbe, die sie liebe und die sich herzlich und unaufhörlich um ihr Wohlergehen kümmerten. In der Tat scheint die Dreiheit von Wrentham lange Zeit ein Quell der Freude für alle Beteiligten gewesen zu sein. John fuhr täglich nach Boston ins Geschäft. Annie besorgte die Einkäufe, und Helen erledigte die Hausarbeiten, soweit es ihr möglich war: sie deckte den Tisch ab, wusch das Geschirr, goß die Blumen und erledigte die »tausend Kleinigkeiten, die das Glück eines Familienlebens ausmachen. Ich fand genügend Hausarbeiten, die mich fast den ganzen Tag auf den Füßen hielten und war glücklich, daß ich mich wirklich nützlich machen konnte.«

Das Glück hielt einige Jahre an. Neun Jahre später trennten sich Annie und John Macy aus ungeklärten Gründen, wozu sicherlich gehörte, daß John in Teachers Leben nicht die erste Rolle spielen konnte. Teacher litt sehr unter der Trennung. Verhärmt und verbittert flüchtete sie sich in Depressionen. War sie vorher vollschlank gewesen, wurde sie nun dick. Aber das kam erst zur Zeit des Ersten Weltkrieges. Im Jahre 1907 sah man die Bewohner Wrenthams noch in trauter Dreieinigkeit.

In dieser idyllischen Szenerie auf dem Lande und von den besten Freunden umgeben, erhielt Helen den Auftrag, eine Artikelserie über ihre Ideen von ihrer Umwelt für ein Magazin zu schreiben, die dann als Buch den Titel »Meine Welt« erhielten und 1908 erschienen.

Helen und Mark Twain (mit Autogramm von Samuel Clemens).

Es war ihr eine große Freude, daß die Luft in Wrentham nicht vom Benzingestank der Autos verpestet war — Autos und Flugzeuge gab es keine, weder Radios, Revolutionen noch Kriege störten ihr Leben in Wrentham in der Zeit von 1905 bis 1911. Abwechslung war selten. Einen Höhepunkt der Wrenthamer Zeit stellte sicherlich der Besuch bei ihrem alten Freund und Verehrer Mark Twain dar. Seit ihrem ersten Treffen 1894 hatten sich die beiden in die Herzen geschlossen, er erweckte in ihr »ein aus Zärtlichkeit und Ehrfurcht seltsam gemischtes Gefühl... Im Augenblick, als seine Hand zum erstenmal die meine umschloß, wußte ich, daß er mein Freund sei.« Er erzählte ihr fortlaufend Geschichten, und sie hing buchstäblich an seinen Lippen. Mark Twain schien ein absolutes Verständnis für das Innenleben Blinder zu besitzen. Nachdem »Meine Welt« erschienen war, lud er Helen und Teacher ein, ihn für einige Tage zu besuchen. Twains Frau war gestorben, und er hatte sich, von der Welt enttäuscht und verbittert, auf seinen Landsitz zurückgezogen, ohne jedoch seinen Humor verloren zu haben. »Unser Zimmer lag neben dem seinigen. Auf dem Kaminsims hing eine Karte, welche etwaigen Einbrechern die Wertgegenstände im Zimmer bezeichnete. In der letzten Zeit war eingebrochen worden, und Herr Clemens (bürgerlicher Name von Twain) erklärte, das sei eine Schutzmaßnahme, um nicht von Einbrechern gestört zu werden.« Sie unternahmen ausgedehnte Spaziergänge, bei denen Twain verwirrende Umwege einlegte: »Dies ist die unerforschte Wildnis. Wir wandern im Chaos, welches bestand, ehe Jehova das Feste vom Flüssigen schied ... aber die Straße ist gerade dort drüben.« Um auf jene Straße zu gelangen, mußten sie noch auf abenteuerliche Weise einen Fluß überqueren, einen »reißenden tobenden Zwerg, welcher vor uns den Berg herunterstürmte.«

Wieder daheim bemerkte sie, daß sie nie einen schöneren Spaziergang erlebt habe. Genauso begeistert war sie von den langen Geschichten, die er ihr vorlas, wobei sie ihm die Worte von den Lippen ablas. Das war manchmal allerdings nicht möglich, wenn er zu arg anfing zu gestikulieren und nicht auf seine Pfeife oder Zigarre verzichten konnte.

Nicht zuletzt ihre Beziehung zu Twain veranlaßte Helen zu folgender Aussage: »Es wird behauptet, daß das Leben hart mit mir verfuhr; und manchmal habe ich innerlich gehadert, daß viele menschliche Freuden mir vorenthalten sind. Aber wenn ich an den Reichtum denke, welche Freundschaft mir geschenkt hat, ziehe ich alle Anklagen gegen das Schicksal zurück ... Solange die Erinnerung an solche geliebten Freunde in meinem Herzen lebt, werde ich sagen: das Leben ist gut.«

Ihr war sehr bewußt, daß das Leben zu den meisten Blinden nicht sehr gut war. Erst im Jahre 1904 begann sie sich mit Blindheit und den aus ihr entstehenden Problemen bewußt zu beschäftigen. Es gab viele verschiedene Blindenschrift- und schulsysteme, unterschiedliche Blindenorganisationen etc. Durch Louis Braille, der im Alter von 3 Jahren erblindet war und mit 16 Jahren sein Buchstabensystem ausarbeitete, kam den Blinden eine einheitliche Schriftart zugute. Nun konnte jeder Blinde dieses Alphabet, das bis auf den heutigen Tag kaum nennenswert verändert wurde, gebrauchen, um Sprache, Musik und Mathematik auszuüben. Es war vor allem auch der Wissensstand von durchaus am Thema interessierten Menschen über das Blindentum, das sie erschreckte. Nicht allzuwenige sprachen von der »Gnade des Blindseins«, das dem Blinden doch soviel an Sensibilität der anderen Sinne schenken würde. Sie mußte sich anhören, daß Blinde Farben ertasten können und viel anderen Unsinn dieser Art. Sie versuchte zu vermitteln, daß die Bedürfnisse eines Blinden identisch sind mit denen eines Sehenden, daß auch er von Liebe träumt und von Ehrgeiz besessen und von Schmerz gequält wird. Das schwerste sei nicht einmal der Verlust optischer Erlebnisse, sondern daß der Blinde nichts allein tun kann, daß er immer auf jemanden angewiesen ist. »Von ganzem Herzen wünschen wir, gesund, frei und leistungsfähig zu sein.« Blinde wurden in den meisten Ländern zu allen Zeiten mit Mitleid, Verachtung, Grausamkeit behandelt. Dagegen hieß es anzugehen, und so begab sich Helen mit Teacher auf ausgedehnte Vortragsreisen. Was für ein anderes Leben als das in der lauschigen Zurückgezogenheit ihres Heims! Innerhalb einiger Jahre sprach sie in 123 Städten auf 249 Versammlungen zu über 250 000 Menschen über die »American Foundation for the Blind«. Sie besuchte ungezählte Wohltätigkeitsveranstaltungen und schrieb ungezählte Briefe. Sie selber hatte noch Schwierigkeiten mit der Aussprache und ihrer Stimme, so ließ sie meistens Annie reden und gab ihr die Sätze per Fingeralphabet vor. »Manchmal waren die Zuhörer zum Schluß ganz still, so daß wir fürchteten, sie gelangweilt zu haben, aber es stellte sich heraus, daß sie so hingerissen waren von dem Gehörten, daß sie zu klatschen vergaßen, und wir fühlten, daß sie uns damit höchstes Lob spendeten.«

Sie setzte sich vor allem dafür ein, Wege zu finden, Blinde in den Arbeitsprozeß zu integrieren. Es sei nicht so wichtig, als Blinder Latein zu beherrschen, es ginge vorrangig darum, den Blinden eine nützliche Arbeit und Beschäftigung zu ermöglichen. Sie führte einen wahrhaften Kreuzzug für die Interessen der Blinden und bestätigte damit ein wenig die Voraussage ihrer College-Mitschülerinnen, die ihr eine Karriere als Missionarin prophezeit hatten.

Bell erzählte ihr von seiner Erfindung des Telefons und viele andere Geschichten aus der Wissenschaft. Helen fiel auf, daß Bell selber in seinem Studierzimmer kein Telefon hatte. Vielmehr sorgte er sich, daß die Menschen wahrscheinlich nicht richtig damit umgehen würden: »Was sollte mit dem Menschen geschehen, welcher die Behaglichkeit des Heims zerstört hat? ... Ich bezweifle, ob das Telefon die menschliche Sprache so fördern wird, wie es Shakespeare oder Homer getan haben.« Immerhin gab es bei seinem Tode schon 12 Millionen Telefone auf der Welt. Später erforschte er Fluggeräte und experimentierte mit Flugdrachen, wobei ihm Helen des öfteren als Assistentin dienen durfte — zu ihrer großen Freude.

Während sich Teacher aus allen politischen Aktivitäten heraushielt, entwickelte sich John Macy immer mehr zu einem überzeugten, aktiven Sozialisten. Sein Einfluß verstärkte Helens Wunsch, auch politisch tätig zu werden, die Politik nicht nur den Sehenden zu überlassen. Dem kapitalistischen System brachte sie großes Mißtrauen entgegen. 1911 wurde in Manchester, England, ein Brief »An eine englische Sufragette« publiziert. Dort kämpften die Frauen um das Stimmrecht, und Helen sprach ihnen Mut zu:

»Ich glaube nicht, daß die gegenwärtige Regierung (Großbritanniens) irgendwelche Absicht hat, die Frau an der nationalen Politik teilnehmen zu lassen oder den Irländern oder den Arbeitern in England ihr Recht zu geben. Solange das Wahlrecht einer großen Zahl derjenigen verweigert wird, die der Allgemeinheit dienen und nützen, solange die, die wählen, sich nach Wink und Befehl von Parteiwerkzeugen richten, ist das Volk nicht frei, und der Tag der Freiheit der Frauen scheint noch in ferner Zukunft zu liegen. Es macht keinen Unterschied, ob die Tories oder die Liberalen in Großbritannien, die Demokraten oder die Republikaner in den Vereinigten Staaten oder irgendeine Partei nach altem Muster in irgend einem anderen Land die Oberhand gewinnt. Von irgendeiner solchen Par-

Helen und Graham Alexander Bell.

tei Frauenrechte zu verlangen, ist, wie wenn man von einem Zaren die Demokratie fordert.

Werden nicht die herrschenden Parteien von den regierenden Klassen, das heißt von den besitzenden Klassen geleitet, ausschließlich zum Vorteil und für das Vorrecht der Wenigen? Die benützen uns Millionen, ihnen zur Macht zu verhelfen. Sie erzählen uns, wie Kindern, daß unsere Sicherheit darin liegt, für sie zu stimmen. Sie werfen uns Brocken von Zugeständnissen zu, damit wir glauben sollen, sie seien in unserem Interesse tätig. Dann beuten sie die Erwerbsquellen der Nation aus, nicht für uns, sondern für die Interessen, die sie vertreten und unterstützen. Wir, das Volk, sind nicht frei. Unsere Demokratie ist nur ein Name. Wir wählen? Was heißt das? Es heißt, daß wir zwischen zwei Körperschaften von tatsächlichen, wenn auch nicht eingestandenen Autokraten wählen. Wir wählen zwischen Dideldum und Dideldei. Wir wählen kostspielige Führer, um unsere Arbeit für uns zu tun, und tadeln die dann, weil sie für sich selbst und für ihre Klasse arbeiten. Der Frau die Bürgerrechte zu geben, ist ein Teil der gewaltigen Bewegung, die ganze Menschheit frei zu machen. Ihr fordert das Stimmrecht für die Frauen. Was kann euch das Stimmrecht nützen, wenn zehn Elftel des Landes von Großbritannien zweihunderttausend Menschen gehören und nur ein Elftel dem Rest von den vierzig Millionen? Haben eure Männer mit ihren Millionen von Stimmen sich befreit von dieser Ungerechtigkeit?

Wenn man die Machthaber darauf hinweist, daß die Hälfte des Reichtums von Großbritannien 25 000 Menschen gehört, wenn man sagt, daß dies ein Unrecht ist, daß dieses Unrecht aller sozialen Ungerechtigkeit, einschließlich derjenigen gegen die Frauen zugrunde liegt, so schreien die hochangesehenen Zeitungen: »Sozialistischer Aufwiegler, Erreger von Klassenhaß!« Gut, wir wollen aufwiegeln...«

Sie nahm großen Anteil am Schicksal der Industriearbeiter. Sie fand den Preis, den jene zum Wohle der Gesellschaft zahlen mußten, zu hoch. So sehr sie in ihren Kinderjahren von Maschinen fasziniert war, um so bedrückter wurde sie, als sie zum erstenmal in einer Fabrik Fließbandarbeiter erlebte. Sie berichtete, da sei etwas in ihr Schlummerndes erwacht. Sie fing an, radikale politische Schriften zu lesen. Es erschien ein kleines Büchlein von ihr: »Wie ich zur Sozialistin wurde«. Auch dort trat sie für die Rechte der Arbeiter ein. Aus einem Brief an streikende Arbeiter in New York 1912:

»Sie haben meine wärmste Sympathie. Ihre Sache ist meine Sache. Wenn ihnen die Mittel zum Leben versagt werden, bin ich auch verkürzt. Solange sie industrielle Sklaven sind, kann ich nicht frei sein. Mein Hunger ist nicht gestillt, so lange sie hungrig sind. Ich kann die guten Dinge des Lebens, die sie mir bieten, nicht genießen, wenn sie zurückgesetzt und vernachlässigt sind. Ich wünsche, daß alle Arbeiter der Welt genügend Geld haben, um sich die Grundbedingungen für einen normalen Lebensunterhalt zu schaffen — ein anständiges Heim, gesunde Umgebung, Gelegenheit zur Erziehung und Erholung. Ich wünsche ihnen dieselben Wohltaten, die ich habe. Mir, der Tauben und Blinden, hat man über viele Hindernisse hinweggeholfen. Ich möchte ihnen wünschen, daß ihnen in gleich edelmütiger

Weise bei einem Kampfe geholfen werden möchte, der dem meinigen in vieler Beziehung gleicht.

Sicherlich ist das, was die Arbeiter fordern, nicht unvernünftig. Es kann nicht unvernünftig sein, von der Gesellschaft die Möglichkeit zu allem für alle zu fordern. Es kann nicht unvernünftig sein, Schutz zu fordern für Frauen und kleine Kinder und einen ehrlichen Lohn für alle, die ihre Zeit und ihre Kraft dem industriellen Berufe widmen. Wann werden wir wirklich einmal lernen, daß wir alle miteinander verwandt sind? Bis der Geist der Nächstenliebe, ohne Rücksicht auf Rasse, Farbe ...«

Ihr Eintreten für den Sozialismus verwirrte viele ihrer Freunde und Förderer in der Blindenszene. Auch die Presse griff sie an. Helen teilte ihnen mit, daß sie keine Anhängerin einer bestimmten Farbe oder eines bestimmten Stoffes sei, aber in ihrem Arbeitszimmer hänge eine rote Fahne, und sie würde diese für das, was sie ihr und anderen Sozialisten bedeute, lieben.

Helen hatte zunehmend Schwierigkeiten, Themen zu finden, über die sie schreiben konnte. Sie wollte nicht nur über ihre Erfahrungen als Blinde berichten, aber worüber sollte sie sonst schreiben? Das Schreiben war allemal eine sehr anstrengende Tätigkeit für sie und Teacher, die dazu entsprechend bemerkte: »Sie ist der Genius, aber ich muß die Kleinarbeit leisten.« Dazu gehörte es, Helen immer wieder vorzulesen, die Schreibmaschinen in Ordnung zu halten, Manuskripte zu lesen und zu korrigieren, Worte im Wörterbuch nachschlagen und all die Arbeiten, die Helen als Blinde nicht ausführen konnte.

Immer wieder tauchten in Helens Schreibergüssen Fragmente und Sätze aus anderer Leute Arbeiten auf, ohne daß die Quelle angegeben war. Es war für Helen unmöglich, sich zu merken, wo sie welche Ausdrücke und Zitate her hatte. Oft lasen ihr Freunde Geschichten vor, von denen sie nie den Autor erfuhr. Ihre Verzweiflung diesbezüglich ging sogar so weit, daß sie mit dem Gedanken spielte, ganz mit dem Schreiben aufzuhören. Neider behaupteten, Teacher sei die eigentliche Verfasserin der Bücher, die nur Helen als Autorin angäbe, da dies verkaufsträchtiger sei. Diese Behauptung war nach Aussage aller Menschen, die beide Frauen kannten, absurd.

In all diese Sorgen platzte der Erste Weltkrieg. Im Gegensatz zu den Linkssozialisten, die Deutschland erbittert angriffen, da die Sozialdemokraten den Kaiser in der Kriegsfinanzierung unterstützt hatten, hielt sich Helen für neutral. Sie konnte aber nicht umhin, darauf hinzuweisen, daß das Land Beethovens, Goethes, Kants und Marx' ihre zweite Heimat sei. Ja, sie wies später sogar ihren deutschen Verleger an, ihr Honorar für die deutschen Ausgaben ihrer Bücher an deutsche Kriegsblinde weiterzugeben. Bei ihren Vorträgen war sie fortan entsprechenden Angriffen ausgesetzt. »Welchen Teil Ihres Gehirns gebrauchen Sie eigentlich?«, wurde sie angegriffen. »Mein ganzes«, erwiderte sie, »und Sie?« Sie glaubte stark an die Standfestigkeit Präsident Wilsons und war tief enttäuscht, als er schließlich Deutschland den Krieg erklärte — während sie sich auf einer Anti-Kriegsvorbereitungstour befand. In der Öffentlichkeit griff sie später vor allem Roosevelt als Schlächter an, auch eine Anspielung auf seine Jagdvergnügen, für die sie keine Sympathie aufbringen konnte. Zum blutrünstigsten Mann in Europa erklärte sie den Zar von Rußland. »Sie erwarten sicherlich von mir, daß ich den Kaiser nennen würde, aber der Kaiser hat sein Volk nie so mißhandelt wie der Zar, der Kaiser hat nie die Juden massakriert.« Rockefeller bescheinigte sie folgendes: »Mr. Rockefeller ist das Monster des Kapitalismus.« Er hatte ihr zwar selber einmal geholfen, aber das hinderte sie nicht daran, ihre Überzeugung kundzutun.

Inzwischen hatte die USA Deutschland den Krieg erklärt, und Hellens Neutralitätsbeteuerungen bei gleichzeitiger Sympathie für Deutschland brachten ihr starke Angriffe, vor allem auch aus Frankreich, ein. Sie sagte die Ermordung Liebknechts voraus und befürchtete: »Der Deutschenhaß wird deren Idealismus in einen hundertprozentigen Patriotismus transformieren.« Damit meinte sie die intellektuellen Sozialisten überall, denen sie vorwarf, Marx weder gelesen noch verstanden zu haben.

Während der Kriegszeit gewann sie eine neue Assistentin, Polly Thompson. Sie war erst kürzlich aus Schottland nach Amerika eingewandert, hatte noch nie von Helen Keller gehört und war des Fingeralphabets unkundig. Bald schon wurde sie Mädchen für alles: Leibwächterin in Menschenmengen, Köchin, Managerin, Friseuse, und Helen behauptete, Polly könne ihre Gedanken lesen. Sie kam, sah und begleitete Helen bis zu deren Tod 45 Jahre später.

Viele berühmte Menschen suchten ihre Nähe: Ex-Präsident Taft; Erfinder Edison, selber halb taub, zeigte ihr seinen Phonografen; Henry Ford führte sie in seiner Automobilfabrik herum. Ein Höhepunkt war für sie das ausgedehnte Treffen mit Dr. Maria

Montessori* in New York. Zwar waren sie auf eine Übersetzerin angewiesen (Italienisch lernte sie erst etwas später, um Dante im Original lesen zu können), aber die Begegnung übte auf beide Damen einen tiefen Eindruck aus. Die Komplimente, mit denen sie sich gegenseitig überschütteten, kamen aus tiefstem Herzen; beide schwangen auf einer Welle.

Maria Montessori: »Mein Gefühl ist, als ob mein Herz ihr Herz sei, und sie zu loben, würde bedeuten, mich selber zu loben.« Nur in einem Punkt standen sie konträr: sollte nun die Ausbildung oder der Sozialismus die Priorität haben?

Teachers Gesundheitszustand verschlechterte sich, und der Arzt empfahl ihr eine Kur. Die Einsamkeit schmerzte, und nur so sei es zu erklären, meinte Helen später, was geschah. Polly besuchte ihre kranke Mutter in Schottland, und es war nur der junge Sekretär Peter Fagan im Haus. Eines Abends setzte er sich zu Helen und gestand ihr seine Liebe. So überrascht sie war, plötzlich einen Heiratsantrag gemacht zu bekommen, so erfreut war sie doch über seinen Trost, seine
Ermutigungen und seine Pläne, ihr im Lebenskampf beizustehen. »Seine Liebe schien wie eine warme Sonne in meine hilflose, vereinsamte Seele. Die Süßigkeit, geliebt zu werden, nahm mich gefangen, und ich folgte einem gebieterischen Wunsch, am Leben eines Mannes teilzuhaben. Für eine kurze Zeitspanne lebte ich wie im Himmel, eingehüllt in ein Gewebe schillernder Träume.« Sie wollte unbedingt ihrer Mutter und Teacher von diesem »Wunder« erzählen, aber er bat sie vor erst um Diskretion. Sosehr sie die gemeinsamen Spaziergänge genoß, so arg nagte in ihr diese Geheimnistuerei; hatte sie doch in ihrem ganzen Leben nie etwas von ihrer Mutter oder Lehrerin verschwiegen. Da brach die Tragödie über sie herein. Ihre Mutter stürzte eines Abends völlig aufgelöst mit der Nachricht zu ihr herein, daß die Zeitungen voll wären von einer Affäre zwischen Helen und dem jungen Sekretär. Helen war so überrascht und ver-

* Maria Montessori erwarb als erste italienische Frau einen medizinischen Doktorgrad und war eine glühende Verfechterin der Gleichberechtigung, wie sie auch gegen Kinderarbeit eintrat. Beschäftigte sich vor allem mit der Erziehung Zurückgebliebener und gründete Kinderhäuser für 3- bis 6jährige Arbeiterkinder.

Helen, Hausfreund und Polly.

schüchert, daß sie kein Wort herausbekam und erst alles abstritt, da sie vor lauter schlechtem Gewissen und Angst völlig ratlos war. Ja, sie log sogar in ihrer Not Teacher an, da sie um deren Gesundheit fürchtete. Ihre Mutter hatte Peter Fagan nie gemocht, wohl weil sie befürchtete, er könne sie als erklärter Revolutionär noch weiter radikalisieren. Sie schmiß ihn noch am selbigen Tag raus. Helen konnte sich später im nachhinein ihr eigenes Verhalten nicht erklären. »Liebe macht blind, verwirrt die Seele und beraubt sie ihrer Urteilskraft«, war ihr Kommentar. Sie blieb noch einige Zeit heimlich mit Fagan in Briefkontakt, aber ihr Liebestraum war zerstört. Sie hatte gar nachts heimlich ihre Siebensachen gepackt und wartete die ganze Nacht auf Fagan, der aber nicht erschien. Sicherlich spielte es in ihrem Verhalten eine große Rolle, daß es zu jener Zeit so aussah, als ob Teacher nie mehr zu ihr zurückkommen würde, da ihr Gesundheitszustand besorgniserregend war; mindestens ein Jahr sollte sie zur Kur in Lake Placid bleiben. Glücklicherweise stellte sich nach einigen Wochen heraus, daß es ihr besser ging, und so kam im Januar 1927 die Nachricht von Teacher, daß man voraussichtlich im April wieder zusammensein würde. Peter Fagan war für sie kein Thema, außer daß sie in einem Brief bemerkte: »Du brauchst mich noch immer, allein wegen dir möchte ich bald gesund werden. Diese Trennung lehrt uns einige Dinge, oder?«

Helen war aktiv wie immer. Sie unterstützte eine nationale Organisation zur Entwicklung der schwarzen Bevölkerung und rechtfertigte dieses Eintreten in einem offenen Brief, in dem sie alle Christen angriff, die es mit der Gleichberechtigung der Rassen nicht so ernst nahmen. In ihrer alten Heimat Alabama bezichtigte man sie des Verrats an ihrer eigenen Rasse, was einen Sturm öffentlicher Entrüstung entfesselte. Mit Rücksicht auf ihre Familie hielt sie sich daraufhin etwas zurück, ohne eine ihrer Positionen zu widerrufen. Hätten jene Landsleute gewußt, daß sie sich gerade in London Schriften des Anarchisten Mikhail Bakunin in Braille übertragen ließ! Das heißt, das National Institute for the Blind hatte ihr angeboten, Bücher kostenlos zu transkribieren — aber bei Bakunin weigerten sie sich letztendlich und schickten ihr die Vorlage zurück.

Helen beschäftigte sich nach wie vor mit Politik, sie führte Briefverkehr mit Emma Goldmann und John Reed, der zur Oktoberrevolution in Rußland gewesen war und dessen Buch »Ten Days that Shook the World« einer der Augenzeugenberichte über dieses große Ereignis der Weltgeschichte schlechthin ist, besuchte sie und fand eine sympathisierende Mitstreiterin — bei einem Zeitungsinterview gab sie sich als Sozialistin und Bolschewistin aus. So mag es nicht verwundern, daß die Einladungen zu Vorträgen rapide abnahmen.

1918 trat Mr. Miller in ihr Leben. Miller hatte sich als Sachbuchautor und guter Geschäftsmann einen Namen gemacht, und sein Vorschlag war es, aus Helen Kellers Lebensgeschichte einen Film zu machen. Helen gefiel die Idee gut, ihren Lebenskampf innerhalb dieser »verrückt gewordenen kriegstollen Welt« darzustellen. Der Titel des Films: »Befreiung«. Das Leben in Hollywood war sehr aufregend und die Filmarbeit anstrengend. Helen pielte sich teilweise selber, viele ihrer alten Freunde sollten mitmachen, das ganze Projekt wuchs zu einem sehr experimentellen Abenteuer aus. Ihr war klar, daß sie keine Schauspielerin war, und sie trauerte wegen ihrer Unfähigkeit, in Gestik und Mimik das zu bringen, was eigentlich in einem Film gehört. Aber nicht daran lag es, daß der Film ein Flop wurde. Es gab keinen Leitfaden, Szene für Szene kamen absurdere Ideen ins Spiel und wurden teilweise als riesige Materialschlacht inszeniert. Zwar waren einige Kritiker begeistert, Helen war jedoch unzufrieden, und der Produzent zahlte reichlich drauf.

In Hollywood traf sie Charlie Chaplin, durfte seinen Bart und seine Kleidung betasten und war von diesem schüchternen, beinahe ängstlichen und doch so liebenswürdigen Mann sehr angetan. Chaplin war sehr erfreut, ihr seine zwei neuen Filme vorzuführen und sie um ihre Meinung dazu zu befragen. Helen liebte es, ins Kino zu gehen: die Atmosphäre, die Spannung und die Reaktionen der Zuschauer, all das fand sie sehr reizvoll. Fuzzy-Filme gehörten zu ihren Lieblingen, wenn ihr auch manche Szenen zu brutal waren.

Die Vortragsreisen waren ihr zu anstrengend geworden, da kam jemand mit einer neuen Idee, wie sie ihren Lebensunterhalt verdienen könne: beim Vaudeville, der fahrenden Unterhaltungsindustrie. So absurd dem Leser dieser Gedanke auch vorkommen mag, für Helen war es eine große Freude. Sie trat gemeinsam mit Teacher auf, der die ersten zwanzig Minuten der Show gehörten. Teacher erzählte aus den Anfängen ihrer Beziehung, über Helens Bücher und zitierte berühmter Leute Meinung über Helen. Dann kam Helen auf die Bühne, natürlich mit Musik untermalt, und erklärte, den Applaus des Publikums mit den Füßen spüren zu können. Sie führte zusammen mit Teacher vor, wie das Fingeralphabet funktioniert und gab einige Sprachübungen zum besten. Anschließend redete sie etwas in ihrer immer noch mühsamen Sprache über ihre Entwicklung und die Liebe Gottes, die Liebe, die Freude und das Leben. Dazu sei darauf hingewiesen, daß in derselben Show Akrobaten, Steptänzer und dressierte Seehunde auftraten. Nichtsdestotrotz war der Auftritt der beiden Freundinnen ein riesengroßer Erfolg, und das Leben im Showgeschäft war in den folgenden vier Jahren ihre Hauptbeschäftigung und Einnahmequelle. Für Teacher war das Ganze keine so aufregend schöne Zeit wie für Helen, welche diese Art des Kontakts mit Menschen sehr liebte, zumal es immer genügend Zeit gab, sich anschließend mit Freunden zu treffen oder Ausflüge zu unternehmen. Meist gastierte man eine Woche in einer Stadt, und so waren der Streß und die Hektik nicht so groß wie vormals bei den Vortragsreisen. Auf Teachers Wunsch jedoch wurden die Tourneen und Auftritte im Laufe der Zeit eingeschränkt. Ihre Gesundheit machte all die Strapazen nicht mehr mit, immerhin war sie inzwischen auch 55 Jahre alt. Teacher konnte die Vorstellungen aus gesundheitlichen Gründen nicht mehr durchstehen, so wurde Polly nun Helens neue Bühnenassistentin.

Im Oktober 1921 schrieb Helen einen Glückwunschbrief an ihre Mutter, die 64 Jahre alt wurde. Nur kurz darauf ereilte sie zwei Stunden vor einem Auftritt in Los Angeles, die Nachricht von ihrem Tod. In den vergangenen Jahren, in der Zeit, als Teacher krankheitsbedingt abwesend war, waren sich Mutter und Tochter Keller sehr nahegekommen. Entsprechend tief traf sie der Verlust der Mutter.

Parallel zu ihren Bühnenauftritten arbeitete Helen wieder verstärkt für die »American Society for the Blind«, absolvierte ein Riesenpensum, verausgabte sich genau wie Teacher und fühlte sich schlußendlich ausgebeutet. Zwar war es ihr nach wie vor ein Anliegen, über die Blindheit (der Blinden und der Gesellschaft) zu referieren, aber 1927 trat sie von diesem Posten zurück.

Freunde wie Verleger drängten sie, ihre Autobiographie auf den aktuellen Stand zu bringen. Die Zeit im Vaudeville und als Botschafterin der Blinden hatte dies zeitlich nicht zugelassen. Dafür hatten aber die Einkünfte aus dem Showgeschäft den Damen ein recht komfortables Leben ermöglicht.

Seit John Macy Wrentham und die beiden Damen verlassen hatte, war Hellen nicht mehr zum Schreiben gekommen. Es fehlte ihr die führende Hand bei Problemen der Struktur und des Stils. Nella Braddy bemühte sich, Johns Platz einzunehmen, aber es war kein leichtes Unterfangen. Das nächste Buch Helens erschien im Oktober 1927 und war zur großen Überraschung ihrer Anhänger keine weitere Folge ihrer Lebensgeschichte, sondern eine Liebesbezeugung für den schwedischen Mystiker Emanuel Swedenborg: »My Religion«. Sie liebte dessen Schriften und fand sein Wirken für Taube und Blinde sehr wichtig. Swedenborg berichtete, seit mehr als einem Vierteljahrhundert permanent in Kontakt mit einer anderen Welt zu stehen; das kam Helens Auffassung von den Realitäten entgegen. »Es gibt nicht nur eine objektive, physikalische Welt, sondern auch eine objektive, spirituelle Welt ... Ohne Religion könnte ich mich nicht vorstellen ... Der innere oder »mystische« Sinn vermittelt mir eine Vision des Unsehbaren ...«

»My Religion« erlebte immer wieder Neuauflagen, auch in Braille. Die Arbeiten an ihrem zweiten autobiographischen Buch, »Mitten im Lebensstrom«, gestalteten sich sehr mühsam. Zwar hatte Helen im Laufe der Zeit immer wieder Notizen und Episoden aufgeschrieben, aber es erwies sich als sehr zeitraubend, eine Ordnung in das Zettelchaos zu bringen. Im Sommer 1928 beendete Helen »... die letzte Zeile in der letzten Autobiographie, die ich schreiben werde... ich hebe meine Hände von der Schreibmaschine. Ich bin frei.« Das Bücherschreiben machte ihr ohne Johns Assistenz keine Freude mehr. Im nachhinein beschrieb sie die Entstehungszeit und das Erscheinen von »Mitten im Lebensstrom« wie folgt: »Wenn ich mich daran erinnere, denke ich an den Schmerz, nicht an Freude. Ich kann nicht vergessen, wieviel harte Arbeit es war, alle Absätze wiederholt geschrieben und vorgelesen bekommen zu haben ... immer mehr Leserbriefe und Autogrammwünsche treffen bei mir ein und wollen beantwortet werden. Dazu kommen die vielen Interviewfragen. Ein Buch herauszugeben ist schlimmer als eine Beerdigung. Immerhin wissen wir nicht, wieviel Arbeit wir anderen machen, wenn wir einmal tot sind.«

Teacher und Nella führten Diskussionen mit Helen über die verschiedenen Wahrnehmungsformen. So wollten sie z.B. von Helen wissen, was für Assoziationen ihr zum Begriff STADT einfielen. »Lange Straßen, Häuser, trampelnde Füße, Gerüche aus Fenstern, Tabak, Pfeifen, Benzin, Autos. Ein Brummen und Dröhnen, wie ein konzentriertes Bündel Vibrationen.« FREUNDE war das nächste Stichwort: »Die Berührung der Hand, Fußschritte, das Gefühl des Gesichtes, der Haut.«

Helen und alle Menschen, die mit ihr in Kontakt kamen, gingen davon aus, daß sie trotz ihrer körperlichen Behinderungen eine übersteigerte Wahrnehmungsgabe und Sensibilität besitze. Ein Neurologe, Dr. Tilney, unterzog sie daraufhin mehreren Tests und kam zu dem Ergebnis, daß ihre nicht behinderten Sinnesorgane für Berührung, Geruch und Geschmack ganz normal waren. Gerade auf ihrem Geruchssinn war Helen so stolz und konnte nicht glauben, daß er lediglich normal sein solle. Nicht ihre Sinnesorgane seien überdurchschnittlich, lediglich ihre geistige Verarbeitung der Reize. Ihre Assoziationsgabe sei ausgeprägter als bei Sehenden, stellte Dr. Tilney fest.

Teacher, Helen und Charly.

Teachers Gesundheitszustand verschlechterte sich permanent. Im Jahre 1929 mußte ihr rechtes Auge operativ entfernt werden. Auf dem linken Auge hatte sie gerade noch ca. 10 % Sehkraft. Sie war jetzt 63 Jahre alt und sah im Altern keine Herausforderung, sie war den Kampf mit ihrem lästigen Körper leid. Teacher baute moralisch stark ab, so daß es nun Helen war, die den Rollentausch auf sich nahm und sich fast ausschließlich der Pflege ihrer Lehrerin widmete. »Ich habe mein ganzes Leben im Dunkel und in der Stille verbracht und denke selten an meine Behinderungen; sie machen mich nie traurig. Aber das Auslöschen des Augenlichts bei jemand anderem zu verfolgen, ist fürchterlich, besonders, wenn man unfähig ist, die Tragödie abzuwenden.«

Um etwas Abwechslung in ihr Leben zu bringen, gingen Polly, Teacher und Helen 1930 wieder auf Reisen: sie verlebten Wochen in

Cornwall, Irland und Cambridge. Man reiste »privat«, ohne große Auftritte, ja selbst London mied man. Von dort wurden nur Bücher aus der Blindenbibliothek besorgt. Man spannte aus.

Nach einigen Monaten in den USA, wo Helen und kurz darauf auch Teacher Ehrendoktorwürden verliehen wurden, waren sie wieder unterwegs. 1931/32 führte sie eine weitere Weltreise nach Paris und anschließend nach Jugoslawien, wohin sie als Staatsgäste von König Alexander geladen waren. Überall entlang der Donau, die sie in einem Schiff hinabfuhren, und auch an den Bahnhöfen wurden sie von Zigeunerkapellen und singenden Menschen begrüßt. Überall wurde gelacht und getanzt — von Belgrad über Zagreb bis Lubljana wurden sie mit Blumen überschütttet. Helen und Polly genossen dieses Abenteuer sehr, nur Teacher moserte herum, ihr war diese Art des Reisens einfach zu anstrengend geworden, diese Tour sei ein einziger Alptraum gewesen, schrieb sie später.

So sehr Helen die Reise genoß, so realistisch war sie jedoch in ihren Beobachtungen. Als sie im September '32 wieder in die Staaten zurückkehrten, erklärte sie einem Reporter auf die Frage, was sie in Europa gesehen habe: »Kriegsvorbereitungen und überall internationale Feindseligkeiten. Wenn es so in Europa weitergeht, wird innerhalb von fünf Jahren wieder Krieg ausbrechen.« Zusätzlich zu den Orden, die sie in Jugoslawien empfangen hatte, zeigte sie den Presseleuten eine andere Anstecknadel, die des »Zwei-Prozent-Club«, einer Bewegung, die von Albert Einstein ins Leben gerufen worden war. Er hatte gesagt, daß es keinen Krieg geben könne, wenn mindestens zwei Prozent der Menschheit dem Krieg eine Absage erteilen würden. Einstein und Helen hatten sich früher im Jahr getroffen und sich gegenseitig als Bewunderer zu erkennen gegeben.

Als Helen und Teacher 1933 erneut nach England und Schottland fuhren, war dies nicht so eine heimliche Privatreise wie Jahre zuvor. Diesmal hielten sie Vorträge und wurden zu Empfängen eingeladen. Teachers Gesundheit wurde noch stärker angegriffen, sie war nur noch mit Hilfe starker Augenmedizin in der Lage, sehen zu können.

Ein Höhepunkt war sicherlich der Empfang bei einer Gartenparty von König George und Königin Mary. Ein Höhepunkt anderer Art war ein Empfang bei Lady Astor, wo Helen neben George Bernard Shaw saß. Shaw war schon immer eines der literarischen Vorbilder gewesen, auch wenn dieses Encounter sehr merkwürdig verlief. Die beiden Damen kamen pünktlich zu der Verabredung, aber Shaw hielt noch einen Mittagsschlaf. Als er endlich auftauchte, war er recht mürrisch. Auf Helens Begrüßung, daß sie glücklich sei, ihn zu treffen, antwortete er: »Warum sagen alle Amerikaner immer dasselbe?« — »Warum hassen Sie uns Amerikaner so?« — »Ich hasse sie nicht.« — »Und warum kommen sie nicht nach Amerika?« — »Warum sollte ich? Die Amerikaner kommen doch her, um mich zu sehen.« Lady Astor versuchte durch eine Intervention, dem Gespräch eine andere Richtung zu geben, aber auf ihren Hinweis, daß Frau Keller blind und taub sei, polterte Shaw erst recht los: »Natürlich! Alle Amerikaner sind taub und blind ... und dumm.« Während die Presse diesen Vorfall zum internationalen Skandal aufbauschte, akzeptierte Helen eine Entschuldigung von Shaw, der doch, so in den Worten von Lady Astor, einer der »freundlichsten Männer, die je gelebt haben« sei.

Von London ging es wieder nach Schottland, und dort erreichte sie am 23. August die Nachricht vom Tode John Macys. »Nun warte ich auf den Tod — nicht traurig, nicht heldenhaft, nur ein bißchen müde«, war Teachers Reaktion. Für kurze Zeit fuhr man zurück in die Staaten, um aber bald darauf wieder nach Schottland zu reisen, da sich das Klima und die Umgebung gut auf Teachers Befinden auswirkte. Im Herbst 1933 erschien Nellas Buch über Teacher: »Anne Sullivan Macy«. Helen und die Öffentlichkeit lobten das Werk, nur Teacher selbst war so in ihre Depressionen verstrickt, daß sie sich erst spät dazu äußerte und dann auch nur in sehr frustriert klingenden Worten. Sie meinte, daß all die Fragen zu spät gestellt worden seien, daß ihr Leben vertan und das sicherste Versteck für ihre Geheimnisse die Dunkelheit sei.

Um Teacher abzulenken, unternahmen die Damen mehrere Reisen, mal ging es nach Jamaika, mal nach Kanada, aber ihre Senilität war nicht mehr aufzuhalten. Im April 1936 wurde sie an ihrem Auge operiert und kurzzeitig trat eine Besserung ein. Teacher starb am 20. Oktober 1936, nach mehr als 50jähriger Partnerschaft mit Helen Keller.

1936 hatte ihr deutscher Verleger, Otto Schramm, darum gebeten, ihre deutschsprachigen Bücher zensieren zu dürfen, da einige Passagen zu freundlich für die Russische Revolution und vor allem über Lenin berichten würden. Helen kam zu Ohren, daß ihr Buch »Out of the Dark«, das ein Essay »Warum ich Sozialistin wurde«

enthielt, sogar verbrannt worden sei, als Hitler an die Macht kam. (In der Tat sind auch die Exemplare von Helens Büchern, die ich mir durch die Universitätsbibliothek Heidelberg zur Recherche für diese Geschichte über Helen besorgte, teilweise durch Überklebungen und Schnippeleien zensiert.) Otto Schramm attackierte ebenfalls den Bürgerkrieg in Spanien, und er versuchte Helen entsprechend zu beeinflussen. Ihre Reaktion bestand darin, die weitere Publikation in Deutschland zu untersagen. »Ich hoffe stark, daß es einen Weg gibt, die Welt von diesem Hitler-Dasein zu befreien.«

Reisen war für Helen mit Teacher sehr anstrengend gewesen, nun hatte es den Anschein, als wolle sie alles Versäumte nachholen. Am 1. April 1937 schiffte sie sich mit Polly nach Japan ein. Dort waren ihre ersten Artikel schon 1897 erschienen, und trotz ihrer Popularität war der Empfang, der ihr bereitet wurde, außergewöhnlich. »Niemals zuvor, sei es ein König oder Kaiser, Prinz oder Präsident, ist ein ausländischer Besucher so enthusiastisch in Japan empfangen worden«, berichtete eine japanische Zeitung. In 39 Städten hielt sie 97 Vorträge, die sich nicht nur um das Problem der körperlichen Behinderung drehten, sondern auch um Politik und so den gemäßigten Kreisen Japans die Möglichkeit gaben, gegen die zunehmende Militarisierung zu demonstrieren.

In Japan wurde zu jener Zeit körperliche Behinderung als eine Prüfung Gottes angesehen, die man geduldig zu ertragen habe, ohne etwas dagegen zu unternehmen. Gegen diese Tradition kämpfte Helen Keller. Auch ins Ringen der japanischen Frauen um Akzeptierung und Emanzipation griff sie ein. Immerhin durfte sie als erste Frau überhaupt in Nara die berühmte Buddhastatue berühren, nachdem sie vom Tenno, dem Kaiser, empfangen worden war. Als Andenken aus Japan bekam sie einen Akita-Hund, den ersten seiner Art in Amerika. Sie nannte ihn »Kamikaze«, was damals noch mit »Goldener Wind« übersetzt wurde. Während des Zweiten Weltkriegs starb der Hund, und obwohl Helen den totalen Boykott Japans in jener Zeit rückhaltlos unterstützte, bekam sie vom japanischen Botschafter persönlich einen neuen Akita-Hund — das einzige japanische »Gut«, das zu jener Zeit den Boykott umging. Sie befand sich gerade auf ihrer Reise durch die Mandschurei und Korea, als Japan China den Krieg erklärte.

1938 wurde ihr Haus in Forest Hills bei New York, in dem sie seit ihrer Zeit in Wrentham gewohnt hatte, verkauft. Eine geplante Rei-

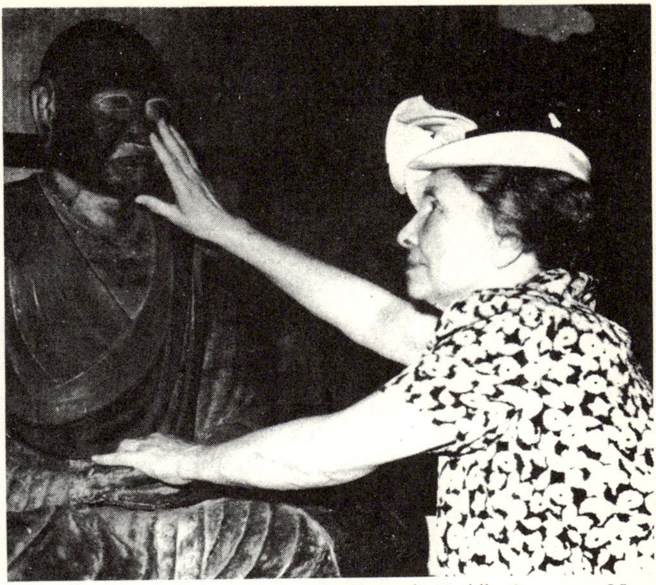

Helen in Japan; darf als erste Frau überhaupt die Buddha-Statue von Nara berühren.

se nach Frankreich sagte sie ab, da die Berichte über den Einmarsch der Deutschen in Wien und die Schwierigkeit der dortigen Juden, vor allem die Aktionen der Nazis gegen das Israelitische Institut für Blinde sie davon überzeugten, daß dort für behinderte Menschen kein Platz mehr sei. Schon vorher hatte sie die Faschisten und vor allem Mussolins Kindertruppen aufs schärfste angegriffen. Nun rief auch sie zum totalen Boykott von Deutschland, Italien und Japan auf. Wie schon im Ersten Weltkrieg kämpfte sie gegen jegliche Einmischung der USA ins Kriegsgeschehen. Als diese aber doch in die Kämpfe eingriffen, gewann Helen ein neues Betätigungsfeld. Seit Kriegsausbruch war sie geistig nicht in der Lage gewesen, an ihren Buchprojekten (»Tagebücher« und »Ein Buch über Teacher«) weiterzuarbeiten. Nun machte sie sich auf und besuchte überall im Lande Krankenhäuser mit Kriegsversehrten und Kriegsblinden. Sie fühlte, daß es ihre Aufgabe sei, die Leidtragenden einer falschen Politik zu trösten und ihnen mit ihren beschränkten Mitteln zu helfen. Gleichzeitig setzte sie ihre Popularität für eine Anerkennung der

Helen als 80jährige, 1960, mit strahlenden Augen.

Kriegsversehrten als gleichberechtigte Menschen ein, da diese bislang erst als Helden und anschließend als Behinderte von einem Sonderstatus in einen anderen gepreßt wurden. Sie empfand die Tour durch die Krankenhäuser als »die krönende Erfahrung meines Lebens«. Von 1943 bis 1946, nach Kriegsschluß auch in Militärkrankenhäusern in Griechenland, Italien, England und Frankreich, steckte sie ihre ganze Energie in diese Behindertenbetreuung.

In Rom wurde sie von Papst Pius XII. empfangen. Polly wollte sich diesem Empfang als Angehörige der Presbyterianer entziehen, mußte dann aber doch teilnehmen und wurde das Opfer einer Verwechslung: der Papst hielt sie für Helen; entsprechend peinlich war das kurze Gespräch und die Erinnerung an das Treffen. Zur selben Zeit brannte daheim in den Staaten ihr neues Heim bis auf die Grundmauern aus und mit ihm alle schriftlichen Unterlagen für Helens Tagebuch und das geplante Werk über Teacher. Freunde veranstalteten eine Sammlung für Helen, etwas, das sie selber nie fertiggebracht hatte. Im Laufe ihres Lebens hatte sie permanent als Spendenattraktion für »die gute Sache« gedient, nur an sich selber hatte sie dabei kaum gedacht.

Helens Reiselust war noch nicht gestillt. Mit 68 Jahren machte sie sich auf nach Australien und Neuseeland, 1951 besuchte sie Südafrika, 1952 Ägypten, Israel, Libanon, Syrien und Jordanien. Das Jahr 1953 führte sie auch nach Südamerika, 1955 reiste sie nach Indien und wieder nach Japan, und 1957 schließlich nach Skandinavien. Ihre finanzielle Zukunft war gesichert, nur wurde die Reisebegleitung problematisch, da auch Polly immer mehr gesundheitliche Probleme bekam. Auch bei Helen stellten sich erste Anzeichen des voranschreitenden Alters ein: sie mußte ihre Finger vor dem Lesen aufwärmen, ihr Geruchssinn ließ nach, doch ihre Vitalität blieb ungebrochen. Sie wollte noch all jene Länder besuchen, die sie noch nicht kannte. 1955 beendete sie endlich die Arbeit an den Buch »Teacher«. Zur selben Zeit erhielt sie als erste Frau überhaupt (zeitgleich mit Konrad Adenauer) die Ehrendoktorwürde der Universität von Harvard.

Im Anschluß an ihre Skandinavienreise mußte sie wegen eines Tumors operiert werden, wobei ihr ein Zeh amputiert wurde. Kurz darauf trat ein, was die Freunde und sie schon lange befürchtet hatten: Polly erkrankte schwer und starb am 21. März 1960. Nach und nach verschieden alle alten Freunde und Gönner, ihr Leben wurde einsam, und sie zog sich aus dem Licht der Öffentlichkeit zurück.

Im Oktober 1961 erlitt Helen Keller einen ersten von mehreren Schlaganfällen. Sie wurde umhegt und gepflegt, aber ihre körperliche Schwäche nahm zu. Ihre Pflegerin in den letzten Lebensjahren, Frau Corbally, schrieb im September 1967: »Mein armer Liebling geht ihre Meile so sehr langsam.«

Wie hatte sie noch in »Mitten im Lebensstrom« geschrieben? »Möge es immer so sein, daß ich heimkehren kann aus Lärm und Aufruhr erlebnisreicher Tage zu dem großen Frieden von Erde und Himmel und ruhevoller Dämmerung.«

Am 1. Juni 1968 schloß Helen Keller ihre Augen für immer.

Luchterhand Literaturverlag

Hans Sahl
im Luchterhand Literaturverlag

George Grosz / Hans Sahl
So long mit Händedruck
Briefe und Dokumente, Hg. von Karl Riha
160 Seiten. 47 Abb. Gebunden
Dokumente der Freundschaft zu Hans Sahl, Briefe und Postkarten aus den fünfziger Jahren – derbe, komische, traurige und wüste Zeugnisse vom »Boss« aus dem amerikanischen Exil. Dazu einige Briefe Sahls und sein brillianter Essay über Grosz.

Das Exil im Exil
Memoiren eines Moralisten II
228 Seiten. Gebunden
»Ein souveräner Stilist und weiser Sarkast ist am Werk, Vergangenheit wird greifbar, Menschen bekommen Farbe, das Panorama der Emigration entrollt sich mit einer Fülle an tragischen und absurden Details.«
Der Spiegel

Der Tod des Akrobaten
Erzählungen
192 Seiten. Gebunden
Der Band enthält die gesammelten Erzählungen Hans Sahls, darunter auch bislang unveröffentlichte: Geschichten aus den Zwanziger Jahren bis in die Gegenwart.

Wir sind die Letzten
Der Maulwurf
Gedichte
184 Seiten. Broschur

›Vom Glück, mit der Natur zu leben‹

dtv 30049

dtv 30027

Naturbeobachtungen aus dem Jahre 1906. Mit zahlreichen farbigen Illustrationen. Blatt für Blatt dieses Tagebuches zeugt von Edith Holdens Liebe zur Natur und ihrer Begabung, das Erlebte empfindungsreich zu vermitteln.

Es war eine Sensation in England, als man 1988, zehn Jahre nach dem Welterfolg ihres ersten, Edith Holdens zweites, aber früheres Naturtagebuch aus dem Jahr 1905 entdeckte, dessen Authentizität durch Sotheby zweifelsfrei festgestellt wurde. Auch diese Aufzeichnungen enthalten meisterhafte Aquarelle.

Erzählte Lebenshilfe

Frauen berichten vom Kinderkriegen
Hrsg. v. Doris Reim
dtv 10242

Die geheimnisvolle Villa
Kinder der Kinderklinik Tübingen erzählen Geschichten zu einem Bild
Herausgegeben von Michael Klemm, Gerlinde Hebeler und Werner Häcker
Mit einer Zeichnung
dtv 30316

Gabriele M. Grafenhorst:
Abtreibung
Erfahrungsberichte zu einem Tabu
dtv 30300

Germaine Greer:
Daddy
Die Geschichte eines Fremden
dtv 30302

Torey L. Hayden:
Sheila
Der Kampf einer mutigen Lehrerin um die verschüttete Seele eines Kindes
dtv 30056

Kein Kind wie alle anderen
Wie eine Lehrerin mit ungewöhnlichen Methoden ihren Schülern zu einem besseren Leben verhilft
dtv 30004

Hüten und Hassen
Geschwister-Geschichten
Hrsg. v. Günter Franzen und Boris Penth
dtv 11512

Ich habe ein behindertes Kind
Mütter und Väter berichten
Hrsg. v. Edith Zeile
dtv 10859

Harlan Lane:
Mit der Seele hören
Die Lebensgeschichte des taubstummen Laurent Clerc und sein Kampf um die Anerkennung der Gebärdensprache
dtv 11314

Robert Lane:
Robby
Ein Zeugnis für die unglaubliche Kraft des Menschen, Leid durch Verständnis und Liebe zu überwinden
dtv 30016

Dorothee Lehmann:
Dagmar
Der gemeinsame Weg einer Mutter und ihres mongoloiden Kindes zu Reife und Lebensfreude
dtv 11372

Doris Lund:
Eric
Der wunderbare Funke Leben
dtv 11259

Jacques Lusseyran:
Das wiedergefundene Licht
Die Lebensgeschichte eines Blinden im französischen Widerstand
dtv/Klett-Cotta
dtv 30009

Das Leben beginnt heute
Erinnerungen und Begegnungen
dtv/Klett-Cotta
dtv 30083

Klaus Möckel:
Hoffnung für Dan
Aus dem Alltag mit einem behinderten Kind
dtv 30355

Christopher Nolan:
Unter dem Auge der Uhr
Ein autobiographischer Bericht
dtv 30314

Clara C. Park:
Eine Seele lernt leben
Der erfolgreiche Kampf einer Mutter um ihr autistisches Kind
dtv 30347

Claus Stephani:
Niemandmensch:
Bericht einer Gedemütigten
Originalausgabe
dtv 30324

Anneliese Ude:
Betty
Protokoll einer Kinderpsychotherapie
dtv 30034

Tränen im Regenbogen
Phantastisches und Wirkliches aufgeschrieben von Mädchen und Jungen der Kinderklinik Tübingen
dtv 30331

Anneliese Ude-Pestel:
Ahmet
Geschichte einer Kindertherapie
dtv 10070

Dietmar Zöller:
Wenn ich mit euch reden könnte ...
Ein autistischer Junge beschreibt sein Leben
dtv 30018

Frauensachen

Bettina Böhm:
Stumme Fluchten
Eine Inzestgeschichte
dtv 30368

Frauen berichten vom Kinderkriegen
Hrsg. v. Doris Reim
dtv 10242

Gabriele M. Grafenhorst:
Abtreibung
Erfahrungsberichte zu einem Tabu
dtv 30300

Mary Kingsley:
Die grünen Mauern meiner Flüsse
Aufzeichnungen aus Westafrika
dtv 30315

Christian Graf von Krockow:
Die Stunde der Frauen
Bericht aus Pommern 1944 – 1947
dtv 30014

Lesebuch für Rabenmütter
Von den Schwierigkeiten, eine gute Mutter zu sein
Hrsg. v. Sophie v. Lenthe
dtv 30348

Naila Minai:
Schwestern unterm Halbmond
Muslimische Frauen zwischen Tradition und Emanzipation
dtv 11098

Paul Noack:
Olympe de Gouges 1748 – 1793
Kurtisane und Kämpferin für die Rechte der Frau
dtv 30319

Régine Pernoud:
Königin der Troubadoure
Eleonore von Aquitanien
dtv 30042

Christine de Pizan
Das Leben einer außergewöhnlichen Frau im Mittelalter
dtv 11192

Herrscherin in bewegter Zeit
Blanca von Kastilien, Königin von Frankreich
dtv 30359

Giovanni Pettinato:
Semiramis
Herrin über Assur und Babylon
dtv 11402

Christa Rotzoll:
Frauen und Zeiten
Porträts
dtv 11352

Helga Schubert:
Judasfrauen
Zehn Fallgeschichten weiblicher Denunziation im Dritten Reich
dtv 11523

Eva Weissweiler:
Clara Schumann
Eine Biographie
dtv 30344

Hungerkünstler Fastenwunder Magersucht

Eine Kulturgeschichte der Eßstörungen

Von Walter Vandereycken, Ron van Deth und Rolf Meermann

Die Wespentaille ist »in«, die Rubens'sche »out« – und das nicht erst seit Marilyn Monroe, die dieses Schönheitsideal verkörperte und so neue Maßstäbe (90-60-90) setzte.
»Die Selbstaushungerung ist eine bemerkenswerte und faszinierende Erscheinung, die ... zu allen Zeiten auftrat. Das extrem religiöse Fasten der mittelalterlichen Heiligen und das lang anhaltende Hungern durch vermeintliches Zutun des Teufels sind dafür frappante Beispiele. Später, als das Fasten an religiöser Bedeutung verlor, entwickelte sich die Selbstaushungerung zu einem Schauspiel, und es traten Wundermädchen und Hungerkünstler auf den Plan.« Im späten 19. Jahrhundert wurde die Anorexie erstmals in den Katalog der Krankheiten eingereiht und damit Gegenstand medizinischer Auseinandersetzung.
Welcher Zusammenhang besteht zwischen dem heutigen Schlankheitsideal und der Magersucht? Diese Frage veranlaßte die Autoren, sich auf die Suche nach den sozialgeschichtlichen Wurzeln dieser Zeiterscheinungen zu machen. Dabei entdeckten sie verblüffende Zeugnisse freiwilliger Nahrungsenthaltung von der Antike bis zur Gegenwart.

dtv 11524

dtv Deutscher Taschenbuch Verlag